金华小奇人

一堂与名作对话的语文课

王伟文 策划
何春娣 主编

作家出版社

图书在版编目（CIP）数据

金华小奇人：一堂与名作对话的语文课／何春娣主编 .
-- 北京：作家出版社，2021.9

ISBN 978 - 7 - 5212 - 1465 - 9

Ⅰ.①金… Ⅱ.①何… Ⅲ.①作文 - 小学 - 选集
Ⅳ.①H194.4

中国版本图书馆 CIP 数据核字（2021）第 121823 号

金华小奇人：一堂与名作对话的语文课

策　　划：王伟文

主　　编：何春娣

责任编辑：钱　英　杨新月　省登宇

装帧设计：合利工作室

出版发行：作家出版社有限公司

社　　址：北京农展馆南里 10 号　　　邮　　编：100125

电话传真：86 - 10 - 65067186（发行中心及邮购部）
　　　　　86 - 10 - 65004079（总编室）

E - mail: zuojia@zuojia. net. cn

http: // www. zuojiachubanshe. com

印　　刷：三河市北燕印装有限公司

成品尺寸：152 × 230

字　　数：149 千

印　　张：12.5

版　　次：2021 年 9 月第 1 版

印　　次：2021 年 9 月第 1 次印刷

ISBN 978 - 7 - 5212 - 1465 - 9

定　　价：29.80 元

序 言

从模仿走向创造

朱永新

年初，作家出版社的编辑兴奋地告诉我，浙江的一所学校在老师指导下，模仿冯骥才先生的《俗世奇人》，写了一部很好玩的班级人物传，并且自己配上了插图，有模有样，惟妙惟肖。她们决定出版这本孩子们的书，让我写一篇序言。

《俗世奇人》是我的良师益友冯骥才先生的代表作品。2000年，作家出版社首次出版了这本短篇小说集。2008年，重新出版了《俗世奇人》修订版。书中的每一篇小说篇幅都不长，以精练老到的文字，描写清末民初天津卫的奇人异士。鲜活灵动的人物刻画，幽默风趣的语言风格，浓郁鲜明的地方特色，加上冯先生自己搜集的精彩纷呈的配图，给图书市场和读者奉献了高品质的文化盛宴。此书广受读者欢迎，成为老少咸宜的畅销书。2015年和2020年，作家出版社又陆续出版了《俗世奇人》贰、叁，系列图书发行量近七百万册。

《俗世奇人》出版以后，也得到教育界的敏锐关注和一线师生的热烈欢迎，其中不少篇目被选入义务教育《语文》教材，并被多个地方推荐为假期必读书目。在我创办的新阅读研究所研订的《中国初中生基础阅读书目》（2019年版）中，把《俗世奇人》列为初中生的推荐阅读书籍。

2020年，这本书被教育部选入《中小学生阅读指导目录》。一系列的教育推荐，是对该系列作品价值的权威认可。

摆在我们面前的这本《金华小奇人：一堂与名作对话的语文课》，不仅是一个阅读《俗世奇人》的成果，也是一个探索儿童阅读方法的成果。浙江省金华市环城小学的语文老师何春娣（在书中被孩子们称为"何仙姑"），在学校开展的"整本书阅读"活动中，带领校内启航中队的学生，阅读学生们喜爱的《俗世奇人》一书，并将读和写结合起来，鼓励学生在阅读的同时模仿创作，相互分享学习，让他们自然而然地变得善于观察生活，开始关注他们之前没有注意到的事物，使原来熟视无睹的人与事变得饶有趣味，也极大地丰富了他们的想象力，激发了学生们的创作积极性。

何老师是一位有心的老师。在收集数十篇"小奇人"佳作之后，她把作品装订成册，取名为《启航奇人》，寄给了冯骥才先生，还附上孩子们写给冯爷爷的信，与他分享创作过程的喜悦。冯骥才先生很快给启航中队的师生回信，夸奖何老师的教学方式，十分赞许孩子们用笔描绘五彩缤纷的生活，并鼓励大家勤读书、多动笔，继续前行。他开心地告知孩子们，这本书将是他的书架上一个珍贵的礼物。冯先生的信给全校师生很大激励，在王伟文校长的提议下，由何春娣老师进一步引领全校学生开展"读《俗世奇人》，写'小奇人'"活动，在学校掀起一股阅读和写作的潮流，效果显著。

前不久，我仔细地阅读了这本《金华小奇人：一堂与名作对话的语文课》书稿，的确趣味盎然。书中一个个栩栩如生的人物形象、一张张精心绘制的人物漫画，活灵活现地展现了大度陈、百度魏、吕主播、胖胖吴、万能胡、干饭林、狂人郭、枪王朱、蚊子张、拆笔刘……每个人性格各异，各有绝活。孩子们的观察能力、模仿能力、想象能力、表达能力、创造能力，给我留下了深刻印象。

作家出版社为这些小作者出版这本书，是很有眼光、很有价值的。阅读与写作本来就是紧密联系、互相促进的。叶圣陶先生说过，善读必易于达到善写，善写亦有助于善读。"阅读是吸收，写作是倾吐，倾吐能否合于法度，显然与吸收有密切的关系"。从阅读名著到模仿名著写作，从模仿名著写作到自己创作，是许多作家走过的历程。

我相信，这本书对于消除许多中小学生阅读和写作的恐惧感与厌烦感是很有意义的。面对阅读和写作的心理障碍，是阻碍中小学生成长的重要因素。近年来，新教育团队研发推出的"说写课程"，通过以说促想、以说练听、以说带读、以说助写，从而优化"听说读写"的性能，最终达到"以说为写，出口成章"。在实证研究中发现，有一定阅读基础的小学一年级的孩子们，经过几个月"说写课程"的学习，基本都能够轻松创作千字文；高中的成效更加明显，建立在绝不增加任何负担的基础上，一个月即可看到写作能力的明显提高。"说写课程"的成功之中，很大的一个原因，就在于让孩子们对写作从恐惧变成喜爱，从而挖掘了生命的潜力。

让孩子结合自己的生活体验阅读写作，读经典名著，写身边的人与事，是激发兴趣和创造力的好方法。所以，以学生喜爱的名家名作作为范本来进行语文课的教学，是一场在新的课程体系下积极有效的阅读写作教学实践，值得提倡。

希望这本书能对更多师生有借鉴意义，有更多孩子写出自己身边的各种"奇人"，让更多孩子成长为擅长阅读和写作的"奇人"。

2021 年 8 月 4 日

写于北京滴石斋

（作者系国家全民阅读形象代言人、新教育实验发起人、国际儿童读物联盟首次"IBBY-iRead 爱阅人物奖"获得者。）

目录

校长寄语

少年时，正是一生最美的时光

王伟文

2020年，谁都没有想到的一场席卷整个地球、冲击全人类的疫情降临。

回望我们共同走过的一年，心中涌动的旋律是少年时的那首歌："……三百六十五里路呀，越过春夏秋冬……"

少年时，正是一生最美的时光。

同学们，疫情挡不住你们求知的渴望，更挡不住你们学习的热情。这一年，许多同学读了不少好书，背诵了不少古诗、古文。特别是赏读《俗世奇人》一书之后，纷纷仿作，趣人趣事应运而生，人物描写栩栩如生、惟妙惟肖。从一篇篇"奇文"中，我走近每一个"小奇人"：大度陈、作家戴、枪王朱……让我知道什么是"世界没有完全相同的两片叶子"，更没有一模一样的人。

你们是幸运的！在老师的引领下遨游在知识的海洋，从经典诵读开始，在经典名篇中不断汲取传统文化的精髓。在贯通古今的语文课上，去探寻教育之美、文化之美。让你们在成长的道路上遇见更优秀的自己。

你们是幸福的！作品得到冯骥才先生的赞赏，他把你们的大作放在家里的书架上，作为书房一个美好的珍藏。回信鼓励你们勤读书、勤写作，说不定你们当中有人将来也会从事写作，成为他的同行。

少年时，正是一生最美的时光。

我少年时读过印度诗人泰戈尔的《飞鸟集》，读到"上帝等待着人在智慧上重新获得童年"这一句，当时不太明白。在盼望着快点长大的童年、少年时代，很难理解为什么还要"重新获得童年"。

著名学者周国平曾描述过他看到的一个场景：黄昏时刻，一对夫妇带着他们的孩子在小河边玩，兴致勃勃地替孩子捕捞河里的蝌蚪。不过，周国平认为这种记述掩盖了事情的真相。"真相"是，黄昏时刻，一个孩子带着他的父母在小河边玩，教他们兴致勃勃地捕捞河里的蝌蚪。像捕蝌蚪这类"无用"的事情，如果不是孩子带领，我们成人多半是不会去做的。我们久已生活在一个功利的世界里，只做"有用"的事情，而"有用"的事情是永远做不完的，哪里还有工夫去玩，去做"无用"的事情呢？是年幼的孩子带领成人重新回到了那个早被遗忘的非功利世界，心甘情愿地为了"无用"的事情而牺牲掉许多"有用"的事情。

如今读着你们的文章，让我仿佛回到我的少年时期，让我感受到"童心"的珍贵。在一定意义上，你们是大人的生活导师，因为你们生活里蕴藏着人生的种种真趣、真谛。我相信一个人的童心，切不可失去。大家不失去童心，则家庭、社会、国家、世界，一定温暖、和平而幸福。

2021 年 3 月 28 日

奇趣横生，情胜于文

何春娣

　　金华古称婺州，盖金婺分野之地也。古城西北，有一校，依垣而建，故名环城小学也。其间，卧虎藏龙，奇才辈出。内有启航中队，诚为求学之乐园。学童五方杂处，性格迥异，求知修道，博闻强记，能文善武，各尽其才也。

　　诸童尝共赏《俗世奇人》，及阅毕，众皆兴致盎然，纷纷仿作之。奇人趣事因形诸笔端：枪王朱、书痴张、黄牙吴、拆笔刘……莫不栩栩然也。未及半月，积叶成书，遍及同窗师友，妙趣横生。每日午时奇文共赏，竞相诵咏，哄堂大笑。若不辑而藏之，岂不惜哉！

　　诸童因亲撰其文，而配其画，莫不潜心为之。其人、其景、其言，莫不亲切如睹。夏君又为摄影，图文并茂，相映成趣矣。既辑成册，乃名之曰《启航奇人》。

　　于是乎，致信冯老，以求善教。冯老欣然应允，谓曰："其文妙矣，但惜少耳，可复征之，以善其编也。"吾深以为然，遍求于校，举其善者复辑之。幸赖同仁长上倾力相助，终成其功矣。

　　辑中诸作，虽不免于稚拙，然其心诚，其事真，其情切，情胜于文，趣胜于辞，亦足以为大观矣。其间悲欢荣辱，不可尽述，或为朝花夕拾之所凭也。细品其文，亦足雪除心尘矣。是为序。

公元二〇二一年岁次辛丑仲春十五日

给冯骥才爷爷的一封信

戴芷萱

亲爱的冯骥才爷爷：

　　您好！

　　我是来自浙江省金华市环城小学启航中队的戴芷萱。环城小学，位于金华城市中心的古城墙畔，它不大，也不新，但是静谧优美，温暖宜学。我们每天踏着路旁的树荫，穿过一条叫作马路里的小弄堂，来到这里学习、生活，度过自己最美好的童年时光。

　　作为小学生，我们最大的爱好就是阅读。每个学期老师都会组织大家开展整本书阅读活动，您的《俗世奇人》令我们着迷，反复阅读，爱不释手。书中描述刻画了刷子李、泥人张，还有许多生活在天津的普通民众，人生百态，真实而有趣。这一位位奇人、一件件奇事，宛若一出出人生的悲喜剧在我们眼前上演，让我们仿佛走进了那段历史，沉醉其中！

　　时间如白驹过隙，转眼间，我们已飞快长大，即将步入中学。这些年，我们身边发生的事，有些记在了心底，有些却如老电影胶片，模糊不清，只隐约记得当时的心情，或欢喜，或沮丧，或鼓舞。

　　冯爷爷，您的《俗世奇人》给了我们一个大大的启迪：原来可以用如此有趣的方式记录身边的人和事。如果我们也学着尝试，岂不是一件妙事？

于是我们时时写，日日写，着了迷似的写。那段时间，大家最期待的时光就是分享同学们笔下栩栩如生的小奇人。大家竖起耳朵听着，校园里班级中曾经发生的一幕幕有趣的画面仿佛又回到了眼前，勾起我们无限美好的回忆，其乐融融。高尔基曾说："书是人类进步的阶梯。"恍然间我们明白了，这就是我们文学之路的起始阶梯呀！我们不断地用稚嫩的文字书写着班级奇人，一时间，班里文稿竟堆积如山！何老师即书中的何仙姑就萌发了成集之念，我们开始收集修改文稿，自己配插图、配照片，模仿冯爷爷您的大作，编撰成书，取名《启航奇人》。

《启航奇人》诞生了，这本书里，记录着我们身边小奇人每天上演的各种小奇闻小趣事。枪王朱、蚊子张、拆笔刘，性格各异，各有绝活，很是可爱逗趣。也许语言天真，或许笔触稚嫩，但一个个小人物赛一个个小奇人。翻看这书册，每一页都是我们学习生活的真实写照，每一篇都有活泼有趣的灵魂。一笔一画，一字一句，将我们心中最美好的记忆留存。这里有我们最快乐的时光，有我们最难忘的瞬间，有我们最真实的想法。它是同学们童年时代朝夕相处，留给彼此最珍贵的礼物。

冯爷爷，我们永远记住您那句话：读书好，多读书，读好书。正是您的著作激发了我们的兴趣和灵感，鼓励和指引我们在今后的文学道路上继续学习和进步，也希望您在闲暇之时能翻阅我们这本《启航奇人》，给我们一些指正与教诲，那会是我们最大的欣喜与快乐。

此致

敬礼！

金华市环城小学五（4）班　戴芷萱

二〇二一年二月一日

作家勉励

给启航奇人的一封信

冯骥才

亲爱的金华环城小学启航中队的小朋友们：

你们好！

今天喜从天降，刚刚进入新的一年，就收到你们的大作《启航奇人》。乍一看，还以为我又出新书了呢。别以为这是模仿我的一本书，你们写的全是你们身边有趣的、可爱的、聪明的、出色的、进取的、各种各样性格和爱好的人。我可没有这种五彩缤纷的生活，但你们的笔叫我认识了你们纯洁、快乐、活力十足的天地，还有一个个小小的奇人：书痴张、拆笔刘、黄牙吴、枪王朱……这些人物还给你们活灵活现地画出来了。我看着看着，常常会忍俊不禁。我很享受你们的作品。

我很欣赏你们的何春娣老师——你们称呼的"何仙姑"的想法。她用你们喜欢的一本书（比如《俗世奇人》）作为范本，写你们自己的故事。这样一来，你们就会调动自己心里的生活素材，思考怎么写好写活一个人物，如何使用语言，怎样才能把自己的故事生动地写出来，叫别人也能活生生地感受到。在这样写作的学习中，你们学到的可是创作一个短篇小说的全过程啊。

何老师用这样一个寓教于乐的方式，进行语文课写作的教学，称得上别出心裁，极有创意；这样还会使你们爱上写作。

现在你们的"著作"出版了，使我心生羡慕。我可没有这种幸运，我发表第一篇散文时已经二十多岁了。如果你们勤读书，注意观察身边的生活，常常动笔写一写心里想写的东西，说不定你们当中有人将来也会从事写作，成为我的同行呢。

你们是否能体会到，印制出这本书，是老师对你们的一种认可和鼓励？

现在，最想对你们说的是——祝贺！还想对你们说的是——继续向前！

我已经把你们的大作放在我的书架上，作为我书房一个美好的珍藏。

代我向你们的老师们致意！

2021. 3. 1

策　　划：王伟文

主　　编：何春娣

副 主 编：林　栋　韦　倩

编　　委：陈旭升　程嘉璐　程丽萍　高燕云　姜丽群　蒋笑玲

　　　　　金军勇　厉巧莉　刘飞红　陆　晨　邵友军　唐友良

　　　　　王红富　张彩萍　张旭霞　朱德康

插画指导：李　婧　童晓峰

大度陈

朱正清

　　说起大度，非大度陈莫属。大家伙儿一准会想，此人必是个男娃，气量大、重情义、不计较。可我得告诉您——大度陈是个女娃！

　　大度陈虽是女娃，但身材魁梧，大大咧咧，不拘小节，人缘极好。因为最初入学时略显婴儿肥，肚子微凸，貌似大人的啤酒肚，同学们好取绰号，最初开玩笑叫她"大肚陈"。后来，因其为人大度，身材渐瘦，同学们逐渐改口，叫她"大度陈"。

宰相肚里能撑船，大度陈肚里能容人。

班里常换位子，这回大度陈遇上了邵大个。邵大个不仅个儿大，领地意识也极强，是个出名较真的主儿。在他看来，课桌相交之处，就是"三八线"，容不得越界侵犯。稍有越线，他就会吹胡子瞪眼，捍卫领地。

课桌本就不大，俩人一高一大，水火岂能相容。果不然，一天写作业时，大度陈不小心越界了。邵大个抬头发现越界问题，马上拿出看家本领，用力推了大度陈右手一把，眼睛斜瞪着她，嘴里发出低沉的"嗯……"声，似一只愤怒的小老虎。

大度陈写得专注，猝不及防，手上的笔在作业本上划了长长的一道。面对突然袭击，她怔住了。但是，她没有发火，只是侧眼看了看邵大个，愣了一小会儿，转而微笑着说了句"对不起"，继续写她的作业。

类似的"三八线"问题，邵大个示威了好几回。可是，每次大度陈都不发火，即使邵大个越线了，她也不反击。不过让人奇怪的是，不到一礼拜，同学们就再也没见邵大个发出战斗警报了。

原来，别看邵大个是个暴脾气，但却总爱忘事。这不，早读的时候，刚落座的他翻遍书包，发现忘带《爱上小古文》了，这是本周早读的指定读本。大冬天的冰冷天气里，他傻傻地愣在那儿，头上急得直冒汗，就差冒蒸汽了。大度陈看到他着急的样子，猜出了七八分，主动把书本凑上去，和他共读一本书。

打那以后，大度陈和邵大个共读一本书的事儿还发生过几次。更绝的是，邵大个即便之后换了新同桌，也再没见他为"三八线"发怒了。

朱正清／绘图

作家戴

庄子涵

月，一片静……

作家戴

庄子涵绘

还没上过床……
一片静，
十一点了，

班级中，擅写作者众多，此间出了几位写作高手：有世人皆知的百度魏，有细节描写之最的黄六仙，还有富有哲理的张学者……但要说写人，谁也比不上作家戴，此人姓戴名芷萱。

她一双明眸，看似寻常，却有着常人不能及的捕捉能力：只需一眼，她便能记下您的一举一动，赛一个高清摄像头，她总能抓住我们的精髓，仅三言两语，人物便跃然纸上，好似要从纸上走出来，您说她神不神？故而，每日中午作文分享——《仙姑日报》皆有其文。

最妙的就数她写的"蚊子张"。开头就一句："喂！家校本借我抄一下！"我们小张同学的口头禅，让人一读就联想到小张温温柔柔像蚊子说话求助的样子，恍惚间竟差点拿出家校本。不仅如此，她还把蚊子吸到血就不放的特点和小张咬住人笑点不放的特点相比较，简直妙哉！每天的《仙姑日报》时间，我们都很期待听到作家戴的作品。每次听完，我们总是捧腹大笑而又敬佩不已：哎呀，她又写活了一个新的人物！有人夸她是世上第二个冯骥才呢！

文如其人，此女心思细腻，平时酷爱侍弄花草，她主动承担料理教室里外花草的工作，浇水施肥，修剪枝条，好不快活。旁人若是浇花，只觉得是个任务，无聊透顶，草草了事。可作家戴却不同，她一边哼着小曲儿，一边浇花，悠然自得。我们班的花草似乎也感受到她浓浓的爱意，长得越发动人可爱了。

爱花如斯，作家戴对人更是关怀备至，乐于助人不求回报。只要你有什么忘带，只需跟她说，她便倾囊相助。若得空儿，她还会帮你整理书柜、打扫卫生、解决难题，无所不能，简直是活菩萨转世。

这便是一个文思敏捷、热爱生活、心地善良的作家戴。诚邀您来启航中队见一见她，也顺便拜读一回她的佳作。

庄子涵 / 绘图

快嘴金

严子韬

　　快嘴金，本名金皓轩，启航中队一雄赳赳少年，身姿挺拔，浓眉大眼。他的能耐全显在嘴上，早年间，他便因嘴快而得了"快嘴金"的绰号。现如今，绰号的名声早已盖过了本名。

　　那快嘴金的嘴到底有多快？这么说吧，不开口时静如处子，一开口活赛一挺机关枪，"突突突"地一通扫射，要多快有多快。在你目瞪口呆之时，枪已经熄了火，而靶子已经是千疮百孔。快嘴金的绝活还在于"子弹"从不胡乱扫射，快、狠、准，赛过神枪手。

凭着这张快嘴，快嘴金的学习有如神助。就说上课回答问题吧，有的同学起来支支吾吾，半天放不出一个响炮。他一起来，嘴巴一张，不假思索，就像竹筒倒豆子，倒出来的话搁得上"大珠小珠落玉盘"，一气呵成，切中要点，又抑扬顿挫，动听得紧，好赛一场小型音乐会。最绝的是背课文、背古诗、绕口令……颇有"黄河之水天上来，奔流到海不复回"之气势，滔滔不绝，不带一喘儿。相比之下，其他同学的背诵，就好比是骑老牛追快马——望尘莫及。

凭着这项不一般的绝活，快嘴金不仅圈了一大拨粉，更是稳稳当当地跻身启航奇人之列。可大家对他这张快嘴却又爱又恨，爱是出于崇拜，恨又是何缘故呢？且听我细细道来。

事儿还赖这张嘴。快嘴金说话速度快是一绝活，可快了之后吧，就似失控的赛车跑出了赛道，横冲直撞，口无遮拦，因此得罪了不少人。了解他为人的，知道他是"心直"，不跟他一般计较。不了解的就吐槽他"口快"，情商低。

只说这一件小事吧。一次元旦文艺汇演，班上的女生准备了一支舞蹈，她们齐刷刷地化了妆，眼睛水汪汪，脸蛋红扑扑，甚是好看。表演结束后，女孩儿们的脸都涨得通红。这本来没啥，可谁想，在她们下台的时候，快嘴金就绷不住地哈哈大笑，还兴奋地叫道："你们的脸好像猴屁股，不，比猴屁股还红！"一边说一边用手比划着。随即，台下笑倒一大片。女孩们听了，个个气得说不出话，脸涨得越发红了，当时都恨透了这个不识趣的快嘴金。而他呢？只咧嘴笑笑，丝毫不做悔改。

你们说，这快嘴金是不是让人又爱又恨呢？

千面范
吴靖浩

　　人皆食五谷，却大不相同。千人千语，万人万言，多有自己独特的个性，但也有与众不同者，一人多面。要说启航中队里，就有这么一号，千面范是也。

　　千面范，原名范昊轩。那钢针般立着的头发，有种森然不可侵之威严，可圆脸上却总是眉开眼笑。黝黑的皮肤常让他淹没在人海之中，但只一开口，那一口雪白雪白的牙齿准让您一眼寻着他。您看，光这长相就够让人琢磨的吧？

　　千面范有空没空抱着《水浒传》如饥似渴地阅读，所以身上总有着绿林好汉的仗义与豪爽。情到深处，边看还边"舞枪弄棒"，赛八十万禁军总教头林冲那般英姿勃发、侠肝义胆，此乃一面。

记得那日，我走在路上，千面范忽地冲到我面前，大喝一声："赔钱！"眼神坚定不移，大鼻子一动一动的，那声响、那气势，赛一只饿虎捕到了猎物。我丈二和尚摸不着头脑："我……我干啥了？"还没等我反应过来自己做错了什么什么，只见他伸出右手，轻轻地揉搓着那粗壮的手臂，呜咽道："你撞到人家手臂了啦！"说完竟呜呜地哭了起来。我都有些怀疑眼前这娇滴滴的大汉是"谁家的姑娘"。

见我不动声色，千面范又抓住我的裤子，用手在自己的腰上打了几下，号啕大哭起来："你不仅撞断了人家的手臂，又害人家的腰扭了，要赔钱。"说着挨着我就倒在了地上，看着他在地上哭天抢地的样子，我哭笑不得。十足戏精，此乃二面。

"范昊轩，拜托，你能不能正经点？"我又好气又好笑，看我无计可施，他"奸计得逞"，继而兴奋地哈哈大笑起来，接着一溜烟地跑走了。留我一人风中凌乱。古灵精怪，此乃三面。

千面范的身体里还藏着各种有趣的样子，就等着各位看官来咱班慢慢体味了！

吴靖浩／绘图

拆笔刘

吴昱辰

里无水滴地有劳力苦连天。
哪笔都能拆 拆笔刘
拆头真能耐。
吴昱辰画

　　学校里有一个启航中队，里面的娃可个顶个的牛，且不说琴棋书画，各自精通，就连学习好的、力气大的、有绝技的，全是硬碰硬，没一个吃素的。要说奇人，我只服拆笔刘。不管多坚固的笔，只要一经其手，必定壮烈牺牲。这不是砸厂家的招牌么？估计他到哪儿，哪家就得破产。

　　拆笔刘本名刘家豪。他人瘦个小，长得也算眉清目秀，乍看还挺帅气！要说拆笔，他与别人可不同，他只拆一样东西。是啥？笔头呗！

　　嘿嘿嘿！您瞧，拆笔刘又在折腾了。他先是不紧不慢地将笔芯取出，拿在手上小心地弯折几下，然后将笔头在桌上来回挤压，或是卡在桌缝中来回摆弄。不一会儿工夫，笔头就已晃晃悠悠。这时，拆笔刘利索地将左手伸进抽屉，掏出一块千疮百孔的破橡皮，将笔头戳进橡皮里轻轻一拔，笔头便舒舒服服、顺顺当当地提了出来。至此，拆笔刘心满意足，完美收工。说来也是神了，这笔头在他手里听话得像只小狗，这份耐心我只服拆笔刘。

不过，拆笔刘也有失手的时候。有一次，我正在全神贯注地写作业。突然听到他一声惊恐惨叫，只见他手持一支没了笔头、墨水直流的笔芯不知所措，竟狼狈地将沾满墨水的手到处乱擦，不管是桌上地上，所到之处，尽是墨点，就连那身衣裳也未能幸免挂了彩。且看他回家妈妈怎么收拾他。唉，这又是第几支壮烈"牺牲"在他手中的笔啊！

白那以后，拆笔刘就很少拆笔了，兴许是挨了教训"退隐"了，江湖上只剩下一个传说！

吴昱辰／绘图

花木兰

邹洵寅

原本在我手中的球应声落地，她一路过关斩将，轻松躲过我方队员拦截，虽没一下投中她不气馁，越过战越勇一回转身，躲过防线，顺手一抛一个完美弧线划过不偏不倚落入框内。

球场花木兰

邹洵寅 作画

此女性格开朗大方，身形清瘦高挑，眼睛灵动有神，秀发如泼墨，明眸皓齿分外动人。外加一张能说会道的小嘴，唱起歌来又似百灵鸟般悦耳动听，因而在班级中深得众人喜爱。

何谓花木兰？自是因为此女子虽为美娇娥，却巾帼不让须眉，是校篮球队一员大将，球技可谓冠绝全队。

犹记一次篮球课，男女校队的比赛拉开帷幕，与我对战的恰好是这位奇女子，起初我自是沾沾自喜，不甚在意，总不能畏惧一个弱女子吧，满心想着要在众人面前一展身手。

伴随一声嘹亮的哨响划破静谧的苍穹，激烈的呐喊声中，比赛打响。我率先发球给队友，原以为他面前没有对手防备，可以顺利接球上篮得分。可谁知半路杀出一个程咬金，以迅雷不及掩耳之势将球抢走，其速度之快捷，身姿之矫健，不禁让我为之讶然惊叹，此女子正是球场花木兰。好在队友眼疾手快将她阻拦，否则我必然要为自己的轻敌而懊悔不已。我正要长舒口气，只见她灵活转身，迅速运球，左躲右闪，一个完美的三步上篮，顺利得分！看来此女不容小觑。

下半场我调整心态，不敢再有所懈怠。抢过篮球迅速在场上飞奔，刚想上篮一展身手。谁料这女子竟丝毫没有弱柳扶风之姿，反具破浪乘风之势，猛地跳起，一贴、一拍、一拐，原本在我手中的篮球应声落地。她一路过关斩将，轻松躲过我方队员的拦截，虽没能一下投中，但她并不气馁，却是越挫越勇。一个回旋转身，轻易冲过两道防线，又至篮下。她顺手一抛，篮球在空中划了一条漂亮的弧线后，不偏不倚地落入筐内。

全场掌声雷动，欢呼声此起彼伏，她报以微微一笑，英姿飒爽，倾倒全场！这便是我们心中的花木兰，巾帼不让须眉，让人好生佩服！

邹洵寅／绘图

笑面陈

汪子赢

笑面陈是我自幼儿园至小学的同窗，因性格相投，故而成了好友。

此人个子不高，肉嘟嘟的脸上，闪着一对明眸，平时逢人遇事，开口就笑，整日乐呵呵，好赛一尊弥勒佛。故而同学们皆戏称他为"笑面陈"。

众所周知，"笑面虎"不是一个好词，形容的是表里不一的人。可我这位好友笑面陈，却是一个表里如一的君子。在我眼里，他还是一个天使。

春寒料峭的季节，天气乍暖还寒，穿衣稍不谨慎就会挨冻，前不久我就吃了苦头。那天早上，我起得有些晚，慌忙套上校服便夺门而出，完全忘了再加件外套。走到门外，方觉一丝冷意袭来，奈何上学就快迟到，只好咬咬牙继续往前跑。路上，狂风卷得树枝赛魔鬼的爪子般乱舞，树木哗哗直响，树叶萧萧落下。我被冻得浑身发抖，把脖子缩到衣领下也无济于事。那寒风赛是要同我作对，拐着弯地往我衣领里钻。

就在此时，一个人影闪了出来，赛个巨人挡在我面前，顿觉风小了许多。我下意识抬头一看，竟是笑面陈，还没等我做出反应，他先冲我摆了个标志性的陈氏微笑，接着二话不说把身上的厚外套脱下来披在我身上。我实在冻坏了，就赛抓住了救命稻草，急忙将这外套紧紧裹在身上，和笑面陈一起继续赶路。

厚外套像屏障一样隔绝了寒风，我冰冷的身体慢慢暖和起来。转头一看笑面陈，脸被冻得苍白，嘴唇发紫。我便准备把外套脱了还他，不料被他一把制止："没事儿，你穿吧，我皮厚，抗冷能力好着呢！"说罢，又扬起憨憨的陈氏微笑。

他就是这样一个助人为乐的家伙，平日里吃了小亏从不计较，做好事总是抢在前头。无论经历成功还是失败，他的脸上总是笑嘻嘻的。我想，这就是他为人处世的态度。

现在，每当想到笑面陈，我的嘴角便会不由得上扬。你瞧，微笑的感染力多么强！

汪子赢／绘图

二郎章

张云钦

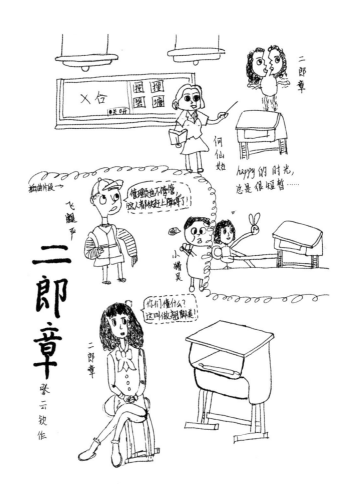

　　咱学校的奇人无奇不有，要说腿上功夫最奇的，那还得是二郎章。可以说，只要二郎章认第二，那就没人敢称第一。

　　此人一头卷毛，有些还倔强地竖立起来，眉毛粗黑有力，五官小巧，最引人注意的是她那双大脚。说它大吧，其实也不是特大，就是矮子群中拔高个罢了。她最厉害的不是拳脚功夫，而是一个她认为特优美的动作。

这个动作，不是来自太极也不是取材于芭蕾，是中国传统坐姿里最常见的——跷二郎腿！

怎么个优美法？只要人一落座，二郎章便程序化地启动她那标志性的章氏二郎腿。她常常是左腿自然而又习惯地跷在了她那可怜至极的右腿上，脚尖微微上翘，荡来荡去。一跷起来，她脸上就露出了不为人知的笑意和快感，仿佛整个人沉浸在一种莫名的逍遥自在当中，优哉游哉，让一旁看的人都忍不住悠然神往。

我也观察过她跷的次数。人家自恋郤的"每日灵魂三问"，虽说是十分的坑爹，但再怎么说也是只有"三问"。而二郎章可不一样，她跷二郎腿是上课跷，下课跷，写作业时跷，休息时也跷。总之，就是在所有时间所有场合都可能呈现一个大大的——跷。

有一回上语文课，二郎章又开启她那花式跷腿法。爱美的何仙姑发现了二郎章这调皮的动作，皱了皱眉头，悄悄地走到了二郎章身边，用眼神提示她。可她正舒服地享受着跷腿的美好时光，丝毫未察觉。"又跷二郎腿！讲了一百零八遍了，要有淑女形象！！！"何仙姑看不下去了，大声地说，"你知道吗？跷二郎腿对你的身体体态是有影响的。长时间跷二郎腿，会加重脊椎的压力，从而引起腰椎劳损，出现脊椎侧偏等情况。"何仙姑开启了"百度"模式，二郎章不得不结束她那陶醉的 happy 的"二郎腿时光"。

你以为就结束了？

等何仙姑一转身，二郎章又跷起她那标志性、习惯性的动作……

二郎章谓谁？不用说，我想你也应该知道了。你看你看，她又舒服地跷起二郎腿啦！看着她那陶醉的表情，我都不由自主地架起了小二郎腿。

张云钦／绘图

话筒邵

张淳熙

话筒邵

此女个子不高，短发，鹅蛋形的脸上嵌着一张棱角分明的嘴，这嘴没什么特别，但可要小心！一旦触发，便惊天地泣鬼神。

张淳熙画

此女个子不高，短发，鹅蛋形的脸上嵌着一张棱角分明的嘴，这嘴不大不小、不薄不厚，乍一看，和别的女生没啥区别。可是要小心！此乃一危险机关，一旦触发，便有惊天地泣鬼神之威力。

她便是赫赫有名的话筒邵。这名号的由来可不简单。其一，她是班里话筒的管理员；其二，她的声音清脆悦耳、铿锵有力，不但在校合唱队担任领唱，还获过市歌唱大赛金奖，是名副其实的"金话筒"。

　　但话筒邵从不恃才傲物，总是凭一技之长殷勤地为大家服务。早读刚开始时，不少同学都睡眼惺忪，懒散地从喉咙里挤出一点蚊子般的嗡嗡声来应付，早读班长怎么整顿都不见效。正在心急之时，她来了！只见她捧起书来，正襟危坐，深吸一口气，然后张嘴——那清脆又洪亮的声音便冲进了所有人的耳朵。如此一激，大家立刻精神起来，声音也不自觉地跟着开始响起来。众声音中，或稍带恼怒，故意拉长声调；或带竞争意味，也憋出抑扬顿挫来欲与她一决高下……不一而足，尤以闲事庄为最。闲事庄乃有名的闲事大王，无人敢惹。只听得他一时声音高亢、气势吓人，一时感情丰富、婉转动人，花样百出挑衅着她……但无论如何，话筒邵都不为所动，还是不慌不忙、一丝不苟地读着："蛾儿雪柳黄金缕，笑语盈盈暗香去……"而闲事庄呢，几下折腾后发现话筒邵还是不动声色，只好灰溜溜作罢了。

　　老师对话筒邵颇为赏识，让话筒邵与干将郤组成"黄金搭档"。这俩人，在对付调皮鬼时一个敢吼，一个敢敲。话筒邵骇人的高音量和干将郤震耳的戒尺声，其威慑力简直无人能敌，哪怕你有豹子胆都会害怕到头皮发麻！因此班里的纪律一直不赖，年年都被评为"文明班级"。

　　话筒邵还有一绝活——排队吼。每次去专用教室上课之前，她必定发挥她的强项，在课前两分钟时帮助班长将队伍整理好。功劳虽大，但有时也不免马失前蹄。某日课间，忽闻教室中传来话筒邵的吼声："美术课，排队！"众人皆大笑。为何？此乃语文课，非美术课也。

　　别看话筒邵声音大、说话硬，但终归是"刀子嘴豆腐心"，心地颇善、乐于助人，在班里相当吃得开，是老师的好助手，亦是大家的好学伴，与其同窗，幸甚！甚幸！

张淳熙／绘图

双面方

张喆宇

双面方
——原名：方婷

张喆宇 画

一面是撒娇耍可爱的"萌妹子"，一面是干活泼爽的"女汉子"你更喜欢哪一面？

此人姓方名婷，人如其名，长相秀美，亭亭玉立，可谓启航中队一道靓丽的风景线。可启航美女如云，若无一专一能，仅靠美貌，又岂能卓然于众？此女能迅速走红，凭的自然也是真本事。她有个无人能及的能耐，那便是在双面性格间切换自如，由此落得个"双面方"的名号。

其一面是呆萌。一旦她耍起萌来，准保让你鸡皮疙瘩掉一地。这不，胡同学就"中招"了。课间，双面方等一众女生在玩角色扮演游戏，原本大家抽签分配角色，公平公正。可双面方却抽到了自己不喜欢的角色，下一秒她便使出自己的杀手锏——卖萌。只见她立马小跑到胡同学身边，双腿微蹲，屁股翘起，身体前倾，脸蛋上扬，一脸乖巧地望着胡同学。这还不够，只见她嘟起小嘴，双手赛猫爪，一个劲儿地轻挠胡同学的手臂，眼里投射出一丝无辜和哀求的目光，好赛一只柔弱的猫咪在向主人撒娇。这下子，胡同学哪招架得住，立马抱拳求饶，把角色换给了她。

让你意想不到的是"萌妹子"也有化身"女汉子"之时。

数学课后，面对一大摞叠得赛座小山的作业本，老师只好向我们求助："哪位同学愿意帮我把这些作业本搬到办公室？"话音未落，双面方第一个应声答道："我来！"只见她边说边跳出座位，闪到讲台桌旁，迅速用双臂托起那一大摞作业本，大步流星地将它们护送到办公室。

一日下雨，同学们在打扫公共场地时，清扫出一袋又一袋的垃圾，黏糊糊、臭烘烘的。有人问道："谁去倒垃圾？"无人应声。这时，双面方二话不说，提起垃圾转身就走，羞得旁边的男生脸一阵红一阵白。双面方的这般能耐，班上的同学一个个看在眼里，服在心里，不禁啧啧称赞：真是活脱脱的一个女汉子！

一面是撒娇耍可爱的"萌妹子"，一面是干活飒爽不含糊的"女汉子"，你更喜欢双面方的哪一面呢？

张喆宇／绘图

干将郯

张睿祺

干将郯姓郯名泽恺，启航奇人也。因其善用本班镇班戒尺——"干将"，将班级管理得井井有条，而得此美誉。

此人脑圆，身壮，发如钢丝，眉如浓墨，声如洪钟。都说相由心生，干将郯极具正义感与责任感，故班主任何仙姑常委以重任，在治理班级纪律上，他总有良方应对，效率无两。

今日，恰逢何仙姑将出门去，便唤干将郯上前受命。干将郯一听，正中下怀，高兴得一蹦三尺高，为显威严，随即摆正了神色，嘴角却是咧到耳根，难掩得意。

　　仙姑前脚刚走，班里便沸腾如滚水，干将郐哪见得了这个，气运丹田，大吼一声，尽显威严，胆小者噤若寒蝉，可胆大者不以为意。干将郐见此景，怒上心头，再吼一遭，振聋发聩。竟有甚者顶嘴回击，这极大地触怒了干将郐。只见干将郐一双虎目圆睁，眉毛高竖，抄起讲桌上供的戒尺"干将"，高高举起，狠狠地砸在桌上，啪！一声巨响。这一响让教室里顿时安静下来，这时若是落下根针，您准能听到。

　　望见这一幕，干将郐有些得意。不成想，我们班的庄胆大仍嬉皮笑脸，想煞煞他的威风。干将郐怎么能轻易放了这扰乱班级秩序的，一把抓起戒尺"干将"，气势汹汹地向庄胆大冲去，庄胆大吓得一溜烟儿跑了。他俩你追我赶，全班同学哄堂大笑，干将郐越发愤怒，一时间战力飙升，捉庄胆大于堂前，严厉训斥一番，直到见他认错，方才罢休。

　　干将郐大获全胜，众人终在他炯炯有神地注视下静了下来。瞧着满座安静，干将郐汗珠还挂在脸颊，神情却不禁洋洋自得。然而镇班利器"干将"却没搁置下来，一掌掐紧，背在身后，慢悠悠迈开步子巡视起班级：这厢瞧着书痴张翻了闲书，便使"干将"往他面前一撂，登时惹得书痴张收了花招；那厢瞥见脏脏包抬头发呆，便又把那"干将"桌上一劈，爆开一道惊响，刹那惊醒了天马行空的脏脏包。何仙姑归来时，欣慰点头，将干将郐一通表扬。

　　这就是我们班认真负责、有气势有魄力的干将郐。我瞧这一把戒尺"干将"，也只有他能使得明白，用到妙处，真正成为管理班级，维持秩序的镇班之宝呢！

张睿祺／绘图

飞腿严

陈雨泽

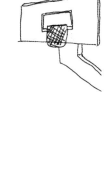

飞腿严

快似流星
一骑绝尘！

身材中等，浓眉大眼，脸蛋方方，腿肚子赛两个铁球，乃飞腿严也！

陈雨泽画

　　咱们学校，高手如林，若想闯出些名堂，非得有些能耐不可。有人靠天长日久的训练，而有人则是天赋异禀，我们班的飞腿严就属于后者。

　　飞腿严本名严子韬，此君身材中等，浓眉大眼，脸蛋方方，腿肚子赛两个铁球，一看就是一名身手矫健的运动健将。

　　要说飞腿严这名号，还得从去年的校运会说起。他平素并未有过跳高专项练习，校运会前竟主动请缨，虽勇气可嘉，但我们不抱期望。谁料他仅经赛前一周训练，取得成绩之高令吾等纷纷咋舌，您说这不就是老天爷赏饭吃吗？

　　回忆起那场赛事，至今心潮澎湃。赛前，飞腿严与他人并没什么区别，轻松地做着拉伸动作。当裁判长点到他时，只见他微皱双眉，深吸一口气，双腿微微下蹲，好赛一匹即将一跃而起的千里马。哨令一响，飞腿严立刻冲将出去，十米、九米……一米，他与杆子越来越近，只见他紧握双拳，脚下用力一蹬，身体腾空而起，随后轻轻抬起双腿，纵身跃于杆上。在脚尖差点碰到杆子时，啦啦队员们瞪大了双眼，咬紧牙关，屏住呼吸，生怕自己的气息碰翻了那细长的杆子。飞腿严并不慌张，忽地将前身一曲，脚尖一提，紧接着顺势一个漂亮的后滚翻，稳稳落在安全垫上。一套动作干净利落，而那杆子仍稳稳地留在原位。同学们无不惊叹，短暂的停顿后，全场才回过神儿，爆发出震耳的欢呼声。飞腿严一战成名。

打那日起，飞腿严威名大震，无论何时，都显得格外打眼。篮球赛时，飞腿严一跃而起，轻松地将篮球稳稳抢手上，让对手暗自叫苦。跑步比赛，那更是飞腿严大显身手的良机。枪声一响，飞腿严迈开长腿，快似流星，一骑绝尘，其他队员往往只能望尘兴叹，羡慕不已。飞腿严虽天赋异禀，却从不恃才而骄，是个热心肠。当有同学需要帮助拿饭时，飞腿严一个凌波微步就消失在同学面前，当同学们还沉浸在其灵动之时，他已经将饭取回，汤水不洒，其饭尚热，飞腿严却只在一旁笑而不语。

每当飞腿严取得好成绩，本人也忍不住暗暗给他竖起大拇指，飞腿严真棒！你是咱启航中队的骄傲！

陈雨泽／绘图

吃货吴

邵义然

吃货吴，启航奇人也。身形滚圆，却素爱着紧身衣，身材尽显，活像两头都打了箍的大木桶。

要说吃货，但凡能吃，谁都敢说自己是。可在我们启航中队，却没人敢在吃货吴面前"班门弄斧"，他奇在哪儿？这儿不多说，只说两段。

第一个便是他给自己立下一个狠规矩：今日食，今日毕。若是今天没吃的饭，明天定要补上。

打从我和他做同桌起，吃货吴每顿中餐一个鸡腿是少不了的。记得那日我在午饭时与吃货吴打闹，正酣战时，鸡腿不慎落地。鸡腿沾满了灰尘，吃货吴再无心恋战，痛心疾首，化悲愤为食欲，看他那把饭盆都要吃了的架势，我又不好意思又想笑。就是那日，吃货吴中午少吃一个鸡腿，我本以为这事就算翻篇了。第二天，还没等我打开饭盒，吃货吴已经一手一只鸡腿，坚定地说："今天你可别找碴儿，这昨天没吃到的鸡腿，今天得补上，馋死我老吴了。"吧唧吧唧的咀嚼声配上狼吞虎咽的样子，好赛那老猪吃人参果。

您说他是不是个实打实的吃货？我再说一段，他吃饭的速度也是无人能及，能有多快？准保你叹为观止。

那天午饭铃刚一打响，他那平时并不灵活的身体，突然快似一匹脱缰的野马，冲到柜子前，以迅雷不及掩耳之势抽出饭盒，打开盒盖，等待美食。眨眼间，他又回到自己的座位上，一系列动作干脆利落，如行云流水，你根本无法将眼前这个人和体育课永远跑不到终点的人联系起来。只见他正襟危坐，眼睛瞪得溜圆，鼻子不断地吸着门外饭菜飘出的热气，嘴巴似乎一直控制着不自觉流出的口水。

"四大组吃饭！"何仙姑一声令下，当我再望向吃货吴时，只见他稳稳地站在队伍的第一位，留给我们一个滚圆的后脑勺。哈哈，瞧他那种笑容，好赛一朵盛开的花儿！盛饭开始了，他伸出胖胖的手指指那些菜，大声说："这些菜，我都喜欢，每样都给我多盛点，别少给了。"盛菜的人也习以为常，怕他再嚷嚷，总能盛出让吃货吴心满意足的分量。才分完一个，却能明显看到菜桶里的菜少了一大截。他快步回到自己的座位，拿起勺子，整大勺整大勺的饭菜送进了他鼓鼓的肚子。这个大肚子如同无底洞一样，看上去怎么也填不饱。来来回回该是盛了十来次，不是加汤就是加饭，好赛没吃过似的。直到桶见底，他才依依不舍地收起自己的餐具。

谁都没见过吃货吴吃饱的时候，看着他吃饭，人们都会寻思这个问题："吃货吴上辈子肯定是一头饕餮吧！"这就是我们班当之无愧的吃货吴。

邵义然／绘图

刘谦黄

范昊轩

刘谦黄

刘谦黄原名黄梓涵，学习在班中算好，也收废品的本领可谓是班第二人。

象作 象作

昊画 范轩

范昊轩画

刘谦不就那著名的魔术师，不是姓刘吗？怎么又多了个黄？你说这是咋回事？

其实，这刘谦黄是启航中队一变废为宝的能手，因为他会像魔术师刘谦一样，变的东西让人眼前一亮，所以大伙儿又叫他刘谦黄。实际上，他的真名叫黄梓涵。你瞧，他个子不高，一张胖嘟嘟且白皙的小脸上长了双水汪汪的小眼睛，再加上他那张樱桃小嘴，总让人以为他是个低年级学生。可只要他一张口，你就知道他有两把刷子。

这不，刘谦黄又拦住同学们的去路："快！把没用的东西统统都拿出来，不交出来不许走！"这句话很容易让人厌烦，所以他又会眨巴着小眼睛可怜兮兮地说："施主，行行好吧，没用的东西都给我，我会给你钱的！"他边说边掏出揣在怀里好几天、已经被磨得锃亮的硬币，神气地在同学眼前晃了又晃。

由于只能在下课收变魔术需要的宝贝——废品，所以每天刘谦黄都特别盼望下课。这样的行为却不被大伙儿理解，觉得他不好好学习，尽干些无聊之事。直到那一次，才让我大开眼界，理解了他。

那天，我从地上捡起一个易拉罐递给了刘谦黄。"拿去吧，正好我没用。"他贪婪地接过易拉罐，从怀里拿出已经放了许久的一枚硬币，朝我说："能不能再给我几根雪糕棍，我可以给你一块钱！"我虽然纳闷得很，却还是四处搜索，好不容易找到了几根雪糕棍给他，刘谦黄迅速走到我面前，爽快地掏出一枚硬币，扭头一路小跑到了自己的座位。

刘谦黄收来的废品究竟做什么呢？我不禁好奇起来。为了一探究竟，我就到他座位上去看，发现他的作品终于问世了。原来，他用这些废品做了一个弹力小车！你瞧，易拉罐做的车身圆滚滚还闪着光泽，雪糕棍做的支架别具一格，剪下来的修正带空壳当轮子，显得特别威武。嘿，当时我就想，这小子能变废为宝，环保节约资源不说，长大了，恐怕还真能研究出新型环保材料，造出新型战斗机，到时候说不定是军事界少有的人才呢！

你说我们的小黄同学能不叫刘谦黄吗？

范昊轩／绘图

赛男傅

林子淳

赛男傅

为班级出力，
很积极，
脏也会做，
男生不愿做的事。
原名傅子怡　林子淳绘

赛男傅，女，除了一头飘逸的长发，那又大又高的鼻子、浓密的眉毛、宽宽的大嘴，怎么看都像个英俊的小伙子。

赛男傅力大超群。记得有一回，不知是何原因，闲事庄惹恼了赛男傅，一场大戏开演了……赛男傅目光如炬，望着闲事庄，面对班里头号调皮蛋，她没有退缩，倒向闲事庄步步逼近。这闲事庄也算是一个高手，一个左勾拳，一个右回拳。但赛男傅却没当回事儿，手一挡再顺手往前一推，脚往闲事庄两脚之间一穿——"啊！"闲事庄应声倒地，摔个嘴啃泥。这一摔画风突变：赛男傅以攻为主，闲事庄以守为主。还没等闲事庄起来，赛男傅就毫不犹豫地向他扑去，头左右猛甩，像个拳手般快速劈向闲事庄。闲事庄一时无法回手，跳起来撒腿就跑，边跑边喊："好男不跟女斗，我先溜了。"引得同学们一阵哄笑。

赛男傅好动，令我们这些男孩都望尘莫及。那天中午，同学们正津津有味地欣赏着广播里的美文，赛男傅却边听边拎起拉丁陈的铅笔盒往上抛，接住，又变着花样往上抛。她完全沉醉其中，越扔越起劲，越扔越用力，忽听哪的一声，赛男傅两眼直勾勾地盯着天花板上的灯。大家往上一瞧，顿时倒吸了一口冷气：日光灯一端掉了下来，在空中晃来晃去，一根铁链竟然断了！一头掉下来悬在空中，顶端部分密密麻麻的铜丝一闪一闪，不时吱嘎作响。灯管下的同学吓得直发抖，教室乱成了一锅粥……

班里每次大扫除中掏阴沟都是个大难题，这活又脏又累，臭气熏人。没成想在这件人人畏惧的事上，赛男傅更是表现得豪气干云，勇往直前。只要赛男傅在场，她都会抢在别人前面卷起袖子，蹲下身子，把阴沟里的污泥、纸屑一点不剩地掏出来，那风卷残云的劲头仿佛虎入羊群，当真令一旁站着的男生脸红。当老师同学们竖起大拇指夸奖她时，她的脸上微微泛起红晕，一副不知所措的样儿，好像那简直就是小菜一碟，根本不值得一提。

嗨，这样一个真诚、热心且有一身蛮力的小女孩，你想认识她吗？

林子淳／绘图

神笔林

金皓轩

　　吾友子淳，个头不高，身体微胖，圆脸大额，活泼开朗。吾与其同入环小，相交五年，很是投契，已成挚友，三日不见，如隔三秋。此友心灵手巧，能说会道，奇思妙想，做一手美味佳肴。吾慕其才，尤羡其作画之才能。

　　子淳自幼喜爱绘画，小小年纪，虽未师从名家，但无画不作，无画不会，见啥画啥，画啥像啥。素描、彩铅、油画、国画等画种，样样都行；人物、建筑、花草等品类，各各在行。其随身必带画本，闲暇之时唯有作画，兴之所至，无论在家在校，课上课下，抽笔即画。

一日，午睡课上，同学们呼呼大睡，睡姿形态，千奇百怪！有蒙头俯趴桌前，有侧耳张嘴呼噜，有流口水唾沫者，有手指戳其鼻孔者。子淳友目之所及，遂兴之所起，众生相尽收画底。至下课时，班中好事者将其画作展示于电子屏上，其画中人物神态鲜活生动，引得班中同学啼笑皆非。

又一日，吾与其同上球场，观看球赛。场上不时欢声雷动，原来有一高手，不时做出精彩扣篮。吾被球赛所迷，手舞足蹈，全然不觉林在身旁。比赛结束，吾依依不舍准备离场，突然记起好友，举目寻访不着，悻悻然欲回，方察林仍安坐吾脚旁作画。吾催其起身，"稍等，稍等。"其递来画本，乍一看，画的是投篮动作。吾连翻八九页，眼前又一精彩扣篮闪过，不由惊叹一声："林，真神笔也。"

金皓轩／绘图

黄牙吴

邰泽恺

黄牙吴

口赛开金铺，金条积如山。

原名吴旦辰

　　每到上课时，常听得某一角落"叽叽咕，叽叽咕"，犹如一只乌鸦，时不时冒出这两三声，扰得人心烦意乱，但这可不是该同学的最大特点。最妙的是他那口黄牙，如果没有了这一口黄牙，那整个人似乎就没了亮点哩！我们笑称他"黄牙吴"。

　　黄牙吴，顾名思义便是长了一口大黄牙。那牙可是真黄，一点儿也不夸张，就像长年累月被烟火给熏出来的，堪比黄土高坡上尘土沾了锅。更神奇的是，那牙在灯光下一照呀！呵呵！好家伙，简直就是金光四射，满口尽带黄金甲呀！真要亮瞎咱的眼。

黄牙吴的黄牙原是齿垢颇厚，足有三四毫米，这也许是黄牙吴不爱刷牙的缘故。人们给他说：你黄牙。他很是不信，有人拉他去照镜子，那黄牙令他自己都吃了一惊。他似乎想改变一下形象，信誓旦旦地说要每天刷牙。可没坚持两天，又显出痛苦状，重新顶着那口黄牙来上学。

近日，人们发现他的黄牙似乎白了许多，于是竞相去追问原因。原来是何仙姑的功劳，为嘛这么说，听我细细道来。

一次，何仙姑叫黄牙吴发言，刚好阳光照到那口亮丽的黄牙上，一闪，亮闪了何仙姑的眼。何仙姑愣一晃神，笑道："我以为你藏了金条在嘴里，你这牙呀！可得仔细刷刷喽！"

"我每天都刷牙的，别……"黄牙吴辩解道，但全班同学的笑声早已将他弱弱的解释给淹没了。

看来只有何仙姑发话，黄牙吴才会狠下心来收拾收拾这口黄牙。不错，牙白了，黄牙吴似乎更爱笑了。

黄牙吴，此何许人也？原名吴昱辰也！

郐泽恺／绘图

兔子严

翁品研

兔子严

性格乖，动作快，球技好，不愧是兔子严

翁品研绘

为嘛叫他兔子严？是人长得像兔子吗？还是耳长？可都不像呀！哈，一则是因为他那性子磨得像兔子一样乖，二则是因为他奔跑如同兔子敏捷，跳高如同兔子蹦跶，真是艺高人胆大。

也许你要问，乖算嘛本事？我跟你说，他这乖可非同一般。疫情期间他的警察爸爸和医护妈妈工作忙，他一个人在家能把自己的学习、生活安排得井井有条，一点不让爸妈费心，而且还能保持成绩在班里名列前茅呢！

乖这事暂且搁着，我们再谈谈他的长相。兔子严身材瘦高，头发不算长，柔顺地趴在头顶，两只眼睛像极了兔子，特有神。他做事多数慢条斯理，却常常带着笑意，堪比班里的"憨憨翁"，颇有兔子的和善。步态倒是不含糊，你看他微微弯腰，手随意地垂在两侧，两只脚吧唧吧唧奔来走去，不就像兔子在蹦跶吗？

别看他平时憨，他要是打起球来，就像兔子奔跑时那么敏捷迅速，那叫一个英姿飒爽，看得人要转帽子仰脸哩，连连赞叹——此绝非等闲之兔。调皮的篮球在他手上运转自如，普通的动作在他那儿也是一个比一个秀气。秀气干净不假，可一上场对方手中的球就算拿得再稳，只要他过去，一个弯腰一个伸手，对方手里的球就没了，乍眼一看，篮筐一抖，我们这边的记分牌已经往上翻了两分，对方只能望球兴叹，只叹自己是跛脚驴子追兔子——赶不上……你说兔子严叫人佩不佩服？不服也得服啊。

话说"雄兔脚扑朔"，兔子严的"蹦跶"技术——跳高水平，全校一流。但凡他要起跳，必如兔子般先弓腰曲背，目光直视前方。随着哨声一响，兔子严径直向长杆奔去，速度渐快，眼瞅着就要撞上杆子了，突地，他的左脚如兔子前腿般猛地一蹬，右脚又如后腿般紧接着向高处跨去，整个身体兔子般轻盈地向上一跃。此时观众们屏息凝视，大气也不敢出，似乎吹口气，就会吹翻横杆，影响比赛结果。就在这眨眼间，兔子严已稳稳地坐在绿布大垫上，横杆却稳稳地留在原位。赛场上顿时爆发出一阵欢呼声，观赛的同学们都在为这新高度鼓掌，直喊"兔子严——兔子严——"。再看兔子严，淡定地站了起来，用他惯常的步态走回起点，像什么事都没有发生。

性格乖，动作优雅，跳得高，关键时刻心态稳，不愧是兔子严！

翁品研 / 绘图

枪王朱

魏一

此人非常爱枪，家中有枪数把。

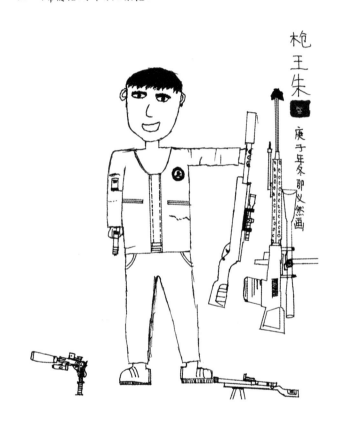

枪王朱 庚子年冬 郎义然画

咱启航中队，可谓卧虎藏龙，奇才辈出。同学们性格迥异，或善跑，或善写，或善射……而其中最令人惊叹者，乃枪王朱也。

此人姓朱，名正清，个子高高，长胳膊长腿，颇有军人风范。他是十足的枪迷，对枪了如指掌，人称枪王朱。如若兵法上孙武算翘楚，那他就是枪界的孙武了。

每到课间，他便像吃了兴奋剂一样，快速地拿出纸笔画枪。画枪前无须思考，嗖嗖几笔，一把真枪就呈现在你眼前，不知者观之，皆以为是名家所作。

枪王朱不仅画枪厉害，使枪也厉害。他用夹子夹住笔，上面放上一个笔帽，再绷紧皮筋，一把简易的枪就做好了。五米处再放一支笔当靶，但凡枪王朱出击，没有一支笔不倒的。

一课间，众人正看着枪王朱射击。突然，人群中冒出了一个人，黑衣黑裤黑鞋，此人乃闲事庄也。他哼了一声，信心十足地对枪王朱说："你有种跟俺比一局，你赢了，俺甘拜下风，否则你得承认俺比你枪法好。"这话可是朝人扔棒子——挑衅，而枪王朱却未见愤然，只默默点头应允。

两人摆好架势，伏在桌面上，双手执枪，单眼瞄准。"啪、啪……"只听得几声脆声，目标应声而倒。枪王朱在千钧一发之际领先闲事庄一步射倒目标，众皆鼓掌，闲事庄只好黯然离场。

有人说他活在"枪的世界"里，也有人猜测其喜欢枪，是否长大要当警察？不管怎么说，我等挺佩服他，佩服他这股子韧劲，喜欢一样物件，锲而不舍去了解、去实践，未来可期，一个真正的枪王定会横空出世！

邵义然／绘图

飞人陈

丁一铭

金华小奇人

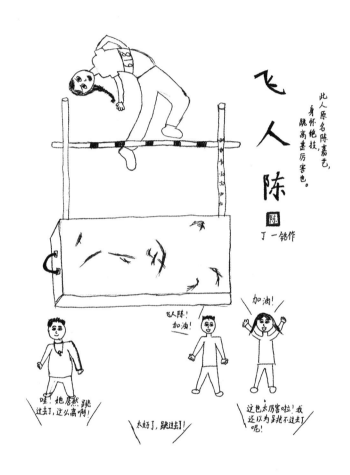

飞人陈

此人原名陈嘉艺，
身怀绝技，
跳高甚厉害也。

丁一铭作

加油！

飞人陈！
加油！

哇！她居然跳
过去了，这么高啊！

太好了，跳过去了！

这也太厉害啦！我
还以为跳不过去
呢！

篮球界有飞人乔丹，咱启航中队也有这么一号飞人，外号"飞人陈"。

飞人陈又高又瘦，自小苦练拉丁舞，全身没有一丝多余的赘肉，身轻如燕，修炼了一副优雅灵动的好气质，屡次在拉丁舞比赛中夺冠。她的身骨赛蛇般柔软苗条。人群中，绝对是最吸睛的那一个。最让人羡慕的是那一双大长腿，走起路来，好赛一个行走的大圆规。

飞人陈的绝活全在这双腿上。跑得快，跳得高，好赛个飞人，因此得了"飞人陈"这个绰号。虽说绰号夸张了，但本事确是不掺水的。

飞人陈跳舞那叫一绝！记得那日咱班十岁生日晚会，皓月当空，随着热情的音乐，伴着动感的节拍，飞人陈开始翩翩起舞。她挥洒舒放的手臂，扭动柔活的腰身，随着音乐节奏的加快，她跳得越来越欢，越来越快，像一只花蝴蝶般飞舞着，仿佛整个世界都在为她旋转。我们看得如痴如醉，大家都屏住呼吸，生怕这个舞动的精灵飞走了！直到舞蹈结束，我们仍沉浸其中，见飞人陈鞠躬谢幕，我们才反应过来，雷鸣般的掌声响起。这一舞，让她圈粉无数。

不过，最让人啧啧称道的还是她的跳高本领。飞人陈跳高有两奇。跳高比赛对决中，选手都是从最低高度开始起跳，等到跳不过了就淘汰。可她不同，她直接等到高度上升到接近自己的水平才上场。因此，别人跳得精神紧绷、满头大汗，到她这儿却是一副镇定自若的模样，好赛来玩儿，这是奇一。

奇二在于她的跳高方式。众所周知，现在跳高最流行的就是背越式，可她偏不用，不是不会，是根本用不着。她用最原始的跨越式或者剪式，就足以轻松碾压全场了。

飞人陈上场了，只见她不慌不忙地走到场地上，扭扭头，踢踢腿，甩甩臂，弯弯腰，做好助跑准备。此时，众人皆屏息凝视，空气似凝固了一般。说时迟，那时快，她两眼注视横杆，摆起双臂大步起跑。跑到离杆三十厘米处时，右脚用力一蹬，身体随即像弹簧一样弹到了空中，眨眼工夫，飞人陈的两腿已一前一后越过杆子稳稳落地。周围立即响起雷鸣般的喝彩声，大伙儿都欢呼雀跃地奔向飞人陈。从此"飞人陈"的名号响彻启航。

丁一铭／绘图

怕针汪

丁金琳

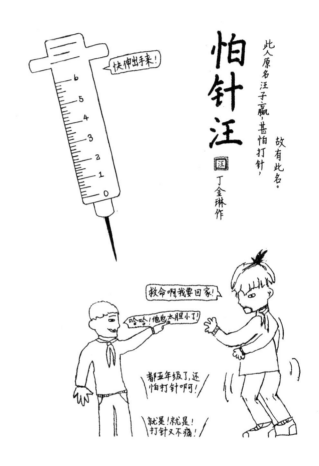

怕针汪最怕打针了。

有人说:"怕打针有啥'奇'的?"他呀,是没见过怕针汪打针的样儿。

怕针汪怕打针,主要原因是手臂上的血管太难找,找血管对他而言犹如大海捞针!

话说那日体检,怕针汪脸色煞白,仿佛世界末日要来临一般,被人推揉着，战战兢兢地排进抽血大军的队伍。他脚上仿佛挂着个铅坠儿，迈不动步。快要轮到他时，已是浑身筛糠，脸色发青。医生一摸他的手，他立刻触电一般大喊："救命啊！救命啊！"另一只手上的白色抽血单随风抖动，仿佛是他在举白旗投降！

医生喝了他一声，怕针汪那只正在颤抖的手，才缓缓地放下了抽血单。他慢慢地卷起了袖子，无奈地将颤抖得更厉害的手放在了抽血台上，那恐惧无助的样子，仿佛自己是一只待宰的羔羊。对面身穿白大褂、戴口罩的，无疑是"白衣猛兽"！

医生不说话，用手拿起一根超粗的皮筋，绑在了怕针汪的大臂上，接着熟练地拍打，然后拿起那细细的针管准备下手，装血的器皿放在一旁待用。

这时，怕针汪咽了咽口水，闭上眼睛，一副上刑场永别了的模样，等待着钢针的袭击……终于针扎进去了，可血愣是没流出来。医生见了，挪了挪针管，还是无济于事。怕针汪见了，脸色更是煞白，他紧闭双眼，仿佛正经历着极其残酷的严刑拷打。无奈之下，医生只好拔出针来，换一处扎，可还是没有顺利抽出血。医生唯有反复拔针扎针……来来回回折腾了七八趟，总算把血给抽出来了。

但怕针汪的半条命也给吓没了，他浑身是汗，手不停地颤抖着，丢了魂似的一个劲儿地喊疼。

好家伙，这件事硬是把怕针汪吓得第二天都没来上学，休整了一天后才还魂呢！

丁金琳／绘图

乒乓胡

方婷

乒乓胡 原名胡艺娴

神也，妙也，奇也。
一举拿下快手赵，
乒乓胡与快手赵打擂，

方婷作

启航中队有一奇人，擅打乒乓，在校运动会乒乓球比赛中屡创佳绩，两米对墙打九百有余。此人姓胡名艺娴，走路虎虎带风，声音脆，性格爽，人送绰号"乒乓胡"。

瞧！这天的乒乓课上，我们女生也占了一张球桌打起了擂台。不用想，不用猜，擂主肯定是乒乓胡。我自知水平不咋的，甘当观众，只在一旁凑个热闹。谁与争锋呢？只见快手赵一马当先，嘴里吆喝着"我来我来"，便抢先冲到球台对面，拿起了拍子。这快手赵也是个运动场上不肯轻易服输的主儿。

比赛开始了！乒乓胡时而沉着抛球，发出一个极低的弧圈球，让快手赵无还击之力；时而按兵不动，突发飞速球，来他个出其不意；时而大力发球，反击狂抽，让对手无法招架；时而控制手力，使球恰落台棱……

没多大工夫，转眼就到了赛点。只见乒乓胡手心托着白色小球，紧抿双唇，目光炯炯，似乎要把所有的力气都使到这小白球上。蓦地，耳边只听得噔噔两声，球落桌面弹起，似支利箭擦过球网直逼快手赵。快手赵没来得及判断，本能地将球拍迎了上去，啪嗒，板是触着球了，可球没乖乖地回乒乓胡那儿，直接飞射到球桌三米开外。"哇！"全场登时沸腾起来。

此擂台赛后，"乒乓胡"就升级为"乒乓王"了！

方婷 / 绘图

蚊子张

戴芷萱

此人瘦如骨柴，好睡看书似蚊也。

蚊子张

戴芷萱 绘

ABC gym apple DEF

天地玄黄，宇宙洪荒。

$\frac{4}{5} \times \frac{7}{8} =$

$7 \div 8 \times 2 =$

"喂！家校本借我抄一下！"

"那个，家庭作业是哪几页？"

"今天要写什么？"

此乃何人声响，竟如此细小？唉！无须多想，必定蚊子张也。

蚊子张原名张淳熙，其人不仅声细若蚊，就连身形与性格都极似蚊子。且看那身板，皮包骨头，细细瘦瘦，压根儿没有几两肉。春夏时分，他犹如竹竿支成的架子，一件松松的 T 恤挂在上边，两条枯瘦的手臂四处挥舞，若不是看他挤眉弄眼的表情一刻不停，还真以为是稻田里驱赶麻雀的假人；秋冬时候，厚外套包裹下探出的又细又白的脖颈上面，勉勉强强顶着一个小脑袋，底下撑着两条麻秆似的长腿，看着喜感十足。

如若蚊子的特点是吸血，那么，蚊子张就是咬住你的笑点不放，吸干你所有的气力，直到你笑瘫在他面前为止。

音乐课开始了，大家按部就班，该唱的唱，该跳的跳，正是欢乐好时光。

突然，欢快的课堂静了下来。大家环视一圈，只见蚊子张悄无声息、神色恍惚，像个幽灵似的移动着他的麻秆腿飘向了垃圾桶旁边，教室里的空气瞬间凝固了。

或许他察觉到了异样，脸上一红，不好意思地说了句："擤个鼻涕，擤个鼻涕。"说完，发出雷鸣般的"两连抽"。临走时，还不忘从旁边顺走一沓纸巾，像个没事人一般，悠悠然回到自己座位，摆着脑壳，自顾自地哼唱起歌曲。

或是因为他的"两连抽"过于惊世骇俗，从此，我们对他小小身体里的能量不敢轻视，看来，蚊子张要改名雷鸣张啦！

戴芷萱／绘图

画神林

朱诗涵

　　画神林，姓林名子淳，人长得圆圆润润的，最爱的颜色为浅绛色。在他看来，浅绛色比任何颜色都好看，好家伙，真乃萌男也！说起此人哪，不仅文笔老练、文采飞扬，画工更是了得，早便进入吾班"四大才子"之列了。

　　画神林之父母皆习医，希望他能子承父业。可他对画画甚是痴迷：上课画，下课画，在课本上画，在乒乓球拍上画。不管何时何地，凡有空处，皆能挥洒笔墨，心到之处，这边一勾勒，那边一点染，一幅惊世之作就与世人见面啦。

　　一日语文课上，画神林听着听着，眼珠子滴溜溜一转，心头火辣辣一热，手头便痒得难受。可是啊，何仙姑机敏之眼正如探测之雷达，不时扫射过来，一次次遏制住画神林疯长之欲望。许久，何仙姑转身板书，机不可失，时不再来，画神林瞄准良机，光速地从抽屉里摸出他的心肝宝贝儿——画画本！只见他左手拿纸，右手执笔，眉头紧锁，头也不抬，开始大显身手。手腕灵活如一条活鱼，在纸上来回游走，完全停不下来，唰唰唰，真个是妙手丹青，出神入化，一件大作便呈现出来。同桌一见，呀，简直奇了，那画面恰似从银幕上拿下来一般！那纸上画着的"毒液"的精气神、脸部颜色、身体动作等，皆与影片中"毒液"之形象毫无二致——仿佛正欲纵身一跃，予劲敌以致命一击。真不愧"画神"之美誉啊！

　　谁成想，正值画神林徜徉于画作之际，何仙姑已悄无声息出现在他身后。教室静得出奇，空气里充斥着惊悚的味儿，画神林心头一惊，糟，大事不妙了！啪！一声脆响，何仙姑往桌上一拍，直惊得画神林后背冒汗，赶紧要把画本塞进书桌。

　　可他的手速怎比得过何仙姑呢？何仙姑一把夺过本子，柳眉倒竖，怒目圆睁，面露愠色，厉声喝道："和你说过多少次了，不要在课堂上画画！"画神林低首抱胸，身体缩得跟只兔子似的，正等待狂风暴雨般之训斥。然而，令他惊异的是，这一切并未到来。画神林终于壮胆抬头，就在他与何仙姑目光交汇之刻，他感觉到何仙姑愠怒的眼神中交织着些许赞赏，这让画神林心中暗喜，他悄悄把对画画的执着深藏心底，乖乖收起画本，坐直身子，听起课来。

　　自那以后，画神林再也不于课上画画了。他爱画善画，加上如此惧怕何仙姑，于是乎，我们又赠他一个雅号——怕何林！

朱诗涵／绘图

砍价林

吕书琪

咱班有这么一位奇人，把砍价当作生活中一大乐趣，人称"砍价林"。

那天班级搞活动，每组有九十元经费。我们组一致决定让吃货砍价林去买东西，谁知他可是真能省，愣是通过砍价足足买了二三十样东西，着实让我们大吃一惊。大伙儿很想见识一下他砍价的本领，便央求他带我们去砍一次价。

"漂亮、美丽、大方无比的神仙阿姨啊,这个糕点多少钱啊?"砍价林用他那极其甜蜜的声音问道。站在一旁的我听得是一身鸡皮疙瘩。看来这就是砍价林的第一招:彩虹屁。

那个阿姨被夸得心花怒放,可仍故作镇定地说:"十二元。"听了这个价格,砍价林可不满意,立马改了口气说:"八块,就八块。"阿姨嘴一撇:"不可能!"砍价林一脸不在意,装作要走的样子,没错儿,这就是他的第二招:先走为上。

他拉了拉我,意思是让我也走,我也就装出不想买的样子,跟着走了。可是砍价林没走几步又回头了:"阿姨,您看看我们这些祖国的花朵,未来的希望,怎么就忍心不卖给我们呢?""那就再便宜两块,十块好了。"见阿姨松了口,砍价林趁机补上一句:"阿姨,您真是个好人,我们各让一步,九块,九块怎么样?祝您生意长长久久,财源广进……"最终,砍价林用他的三寸不烂之舌,把阿姨说动了,这就是他的第三招:软磨硬泡。

砍价林可真厉害,用了三招就搞定了这桩买卖,价钱便宜了不说,还让阿姨多送了半盒给我们。砍价林走时仍不忘甜言蜜语:"谢谢漂亮、美丽、大方无比的神仙阿姨,拜拜喽!"

我顿时佩服得五体投地,从此"砍价林"的名号不胫而走。

朱正清　吕书琪/绘图

呆呆刘

傅子恬

呆呆刘就坐在我的旁边，可谓启航中队风云人物，平时看他机灵得很，可一到早读，便宛如一只木兽般呆坐无声。

"早——读——啦！"

早读检查员扯着嗓子喊道。那声音好似春雷，滚滚而来，震耳欲聋。原本正津津有味和人闲聊的他，立马切换到木兽频道：前一秒还眉飞色舞，后一秒就蔫头耷脑，眉毛皱成"八"字，呆到一副生无可恋的样子，活赛讨债的上了门。

他也知道，自不可一直这样呆着，总得做点什么表示他也是要读书的。接下来的一系列动作优哉游哉，赛是被调成了零点二倍速。只见他缓缓地低下头，慢悠悠地抽出课本，无力地翻开，声若蚊蝇地读起来。读几个字，便揉揉眼睛，摇头晃脑……读了一小会儿，似是读累了，眼皮慢慢耷拉下来，眼睛虽然还盯着书本，但眼神空空，灵魂早已出窍，整个人呆若木鸡。

检查员扫到这一幕，大步流星朝他走去，其他同学早已端正坐好，独有他，仍然沉浸在自己的世界里，仿佛一台迟缓的留声机，半天没有转动的影儿……接下来的情景，你们一定猜到了。

呆呆刘的发呆神功究竟有多厉害？这么说吧，就连何仙姑来巡逻的时候，他也照呆不误。因此，他抄的课文纸都能绕学校一周了。

别看呆呆刘呆得赛尊石佛，学业表现可不差。他上知天文下知地理，博学多才，写的作文常被老师当作范文，还代表班级参加区经典诵读大赛得了一等奖，绝对算得上启航中队的才子了。至于他为何如此酷爱发呆，大家也不去追究了，只是都打心底里佩服他的发呆功力。

傅子恬／绘图

自恋郤

章易之

金华小奇人

瞧，那在"奥地利水晶白钻"定制的太和椅上躺着的是谁？没错，此君乃启航中队大名鼎鼎的郤泽恺同学——啊不，是自恋神人。

自恋者比比皆是，姓郤的还有嘛新鲜的？且听我细说！

您瞧，这自恋郤，模样倒是周正，头发不长，却颇为浓茂，黑得发亮。靠前的头发生生翘起"一片天"。发丝一滑到底，就算有个黏糊糊的玩意儿不长眼地往上靠，也必得滑溜溜跌上一跤。

与此君同桌的那会儿工夫，我记得清清楚楚。大家伙儿上课头一句都是："老师好！"只他不走寻常路，打头就是一句："如此英俊潇洒才华横溢的我，怎能就此埋没？"登时教室一片哗笑。老师打量他两眼，这神人仿佛荡去了天边，神情恍惚，好一阵儿才回过神来，缓缓来上一句："老……老师好。"不多时，又回到了自己的世界，慨然道："环视今日班内谁最有才华？鄙人也！"这嘛神气！

这阵子，自恋郤收了个徒弟——练笔张。说是徒弟，瞧起来倒不像，毕竟练笔张要比他高上不少，但那气场颇有几分师傅做派，成天就瞧见练笔张乖乖接受此君的"每日灵魂三问"与自成一派的"郤之语"熏陶，倒也快活。

别看自恋郤如此嚣张，他也有万年克星——大步丁。尽管屡逐屡败，但他心气儿顶高，一直想铆足了劲儿再来殊死一搏，大有愈挫愈勇之势。

一到课间，您肯定会看到这样的场景：

自恋郤在前面大喊："饶命啊！"只瞧他双手挥得离奇，就像那刀片在砍木板一般。一旁的大步丁就更精彩了，三步并作两步奔赶着，几步就捉住了此君。再瞧，自恋郤已经开始振臂高呼兄弟情，远远向练笔老弟求救。然一切都是徒劳，后面的人间惨剧更甭提了。但也不打紧，想来自恋郤早就习惯那"铁丁鹰爪"的滋味了。哎，谁让他这么轻敌又自恋呢！

可是，班上没他也不行。自恋郤是出了名的小百科，知识面都快赶上百度魏了！不过，可千万记得，请教完问题后，得想法子赶紧溜，不然那"每日灵魂三问"，你是怎么也躲不过的！

章易之／绘图

快嘴季

朱梓萌

快嘴季，曾经是我的同桌，他脑子灵活，以飞快的语速在启航中队立住了脚。

快嘴季爱读《水浒》，常学书中人物行忠义之事，同学们遇到事情也愿意和他商量。他常拿《水浒》故事借物说事，但说事之前必有"自古梁山多好汉，且听……"。那语速如同连珠炮似的，瞬间就噼里啪啦地把话说完了。每当旁边的同学都一脸蒙圈的样子时，他总是一手捂住额头，仰天大喊一声："啊！"继而颔首，一脸无奈又略带得意地轻叹一声："唉——"然后，他定会放慢语速，一边讲解一边又很贴心地问道："我现在这个语速不快了吧？你们可以接受了吗？"随后还会自言自语地带上一句："其实只要你对《水浒》熟悉，语速再快也能听懂。"哈，是不是特有意思？

以前的季同学说起《水浒》可不像现在这样如数家珍。记得一次语文课上，老师组织我们开展《水浒传》知识擂台赛，大家开火车挨个答题。轮到季同学回答时，只见他慢吞吞地站起来："这个……那个……其实……他是……"半天说不明白，那支支吾吾、抓耳挠腮的样子自然引来了同学的哄堂大笑。许是那次受刺激了，快嘴季开始卧薪尝胆，日夜苦读《水浒》，终于成了班里的《水浒》通。等到第二次《水浒传》知识大赛时，他已经是一名猛将了。你看——

"《水浒传》有多少个好……"还没等老师说出"汉"字，季同学就举起他那火柴棍似的手臂，颇有一股义薄云天的气势。"一百零八将。"他胸有成竹地回答，"及时雨——宋江，玉麒麟——卢俊义，智多星——吴用，豹子头——林冲，花和尚——鲁智深，黑旋风——李逵……"他一口大气没喘，却已经连续报出十余位梁山好汉的名号了。

这一战，让他一雪前耻，赢得了"国学达人"的称号。

朱梓萌 / 绘图

神签手

吴雨琪

启航中队多奇人，奇人多有外号。凡有外号，绝非无中生有，必有个别人干不了的绝活。咱中队就有一个奇人，雅号"神签手"。

神签手身条细长赛竹竿，黝黑的皮肤，高挺的鼻梁，溜圆的眼睛。他平时不轻易与人交谈，一副高冷之姿。说来也怪，全班人却喜欢他，打心眼儿里佩服。他有啥能耐得到这般爱戴？这功夫，全在手上呢！

要说他那双手，手指纤细修长，活赛两根细竹枝，可就是这双手，却掌握着一项独门绝活，那便是——模仿签名。模仿得有多像？反正至今从未失手过。要不然，也不会挣得这"神签手"的美名。

神签手的"业务"非常广泛：读书代签、背书代签、请假代签……总之，没有他接不下的活。他的手上动作可谓"干净麻利，快准狠"，左手飞速将书翻到前面有签名的地方停住，眼睛只轻轻一瞟，便已了然于心，右手随即持笔挥毫，活赛一台灵活的机器，唰唰两下，就搞定了。一看成果，好赛复制粘贴，围观的人无不目瞪口呆，拍案叫绝。

各行有各行的规矩，神签手就给自己立下了个规矩：救急不救懒。嘛意思？就是你背了书，忘记让家长签名了，又急于应对检查，咋办？找神签手去呗，他准满口答应。可如果你偷懒没背书，总能被他揪出来，因为他会在签名前抽查。想在他这儿蒙混过关，门儿都没有。

神签手这绝活，要是他称第二，没人敢称第一。奈何这绝活在校园里见不得光，只能暗地里进行，所以大家心照不宣，可都打心眼儿里敬佩神签手这本事、这规矩、这奇人。

刘家豪／绘图

飞人邓

吴宛臻

吴宛臻作

　　"飞人"顾名思义，跑步如风。启航中队就有一飞人，名叫邓禹涵。她跑步快如电，疾如风，颇有世界飞人博尔特之英姿。在各类跑步竞赛中获奖无数，"飞人邓"的外号就不胫而走了。

　　说起飞人邓，我脑海里不由得浮现她熟悉的身影：瘦弱的身体，招风的双耳，水灵的眼睛，凸起的额头，散发着智慧的光芒，着实一副白面书生之相，没有半点"飞人"之气。

　　然而，刚入校的第一次体育课，飞人邓就征服了我们。这不，老师组织百米测试，"嘟——"哨子一响，飞人邓似一道白烟儿，飘然而过，而其余同学还在跑道上狂奔。飞人邓的表现，把小伙伴们都惊呆了！

更令人难以置信的是，飞人邓跑完之后居然没有气喘吁吁，反而在操场上闲庭信步。伙伴们甚是好奇："邓同学，你跑步为何会如此轻松？"她抿着小嘴，神秘地一笑，回了句："你猜！"便转身离去，我一脸惊愕。

直到这天，我才找到答案。这天天色微亮，晨曦里还透着薄雾，我到操场晨练，没跑几步，身后传来了阵阵脚步声。我转过头去，眼前只觉一道"白烟儿"飘过。定睛一看，这不就是咱班的飞人邓吗？

飞人邓转过头来，冲着我微微一笑，拇指一竖："欢迎加入晨跑团。"顺势擦了擦额头上的汗珠，"你今天是第一次来吧？刚开始时，也有很多人一起参加晨练，但后来只有我一个'常剩将军'了。这次希望你能陪我到最后。"说完，风似的向前跑去。

原来如此，难怪，每次跑步测试完，别人气喘如牛，她却闲庭信步！

吴宛臻 / 绘图

天眼朱

陈萱凝

原名：朱梓萌

天眼朱 ——陈萱凝作

一轮测试 86

此女身材消瘦，两弯柳叶眉，一双含情目，和林妹妹颇有几分相似。

此女身材消瘦，两弯柳叶眉，一双含情目，和林妹妹颇有几分相似。虽弱不禁风，然工作雷厉风行，甚得班主任何仙姑赏识，被仙姑钦点为语文班长！

此女独具一双天眼，可辨蛛丝，察秋毫，凡书写字迹，皆逃不过其法眼，眼力之佳，为常人所不能及也。

一日课间，仙姑令人发试卷，余数张，皆"无名英雄"，定是班中马虎虫，忘题大名也！

卷面字迹工整者，一认便知所属何人。然有两张，字迹潦草，春蚓秋蛇，龙飞凤舞，堪比"天书"，绝非凡眼所能识也。吾等脖子伸长似鹿颈，睁眼如铜铃，皆不能辨也，心急如焚，奈何绞尽脑汁，仍毫无对策，只好摇头作罢。

正当众人束手无策之际，天眼朱挺身而出，大放豪言："尔等莫慌，吾来瞅瞅。"说罢，起身接过试卷，摊于桌面，眼睛轻扫而过，便低眉颔首，心中早已有了答案。只见她大笔一挥，唰唰两下，"九号""十三号"便跃然卷上。谜底揭晓，原来"无名英雄"正是蜗牛张和马虎陈。

待这两位马虎虫玩耍归来，众人大吼："九号、十三号速来领卷。"蜗牛张、马虎陈闻声赶来，一看试卷上"天眼朱"的标记，再望望自己龙飞凤舞的字迹，羞愧不已。两人拿起试卷，落荒而逃。众人见状，纷纷大笑。经此一役，天眼朱名声大噪，威震启航。

陈萱凝／绘图

飞人叶

陈嘉艺

飞人叶，就是跳得高、"飞"得远
不说，看图便是。

飞人叶
陈嘉艺作图

哇~

　　飞人叶虽然学习成绩不怎么理想，但体育甚好。正应验了那句话：上帝给你关上一扇门，肯定会给你打开一扇窗。

　　飞人叶身材中等，鹅蛋脸，一双水汪汪的眼睛，头发又浓又密，喜欢扎马尾，一甩一甩的，煞是好看。她身手矫健，弹跳超群，跑步快如闪电，几乎无人能及。每每运动会上，总能大放异彩，为班级立下汗马功劳，启航中队第一运动女将，实至名归。

　　这天运动会跳远比赛如火如荼地进行着。运动场上，选手们个个摩拳擦掌，跃跃欲试。

终于轮到飞人叶啦！只见她淡定地走到起跳线上，动了动脚踝，摆了摆手臂，做着一系列热身运动。这时，老师挥旗示意轮到她跳了。只见她弓着细腰，紧握拳头，目视前方，猛地甩头，迈开大步，冲向沙坑。速度愈来愈快，只听砰的一声响，猛地向上一跃，两腿向前伸展，在空中划出了一道优美的弧线，嚓的一声，两脚轻松地落在松软的沙子里。体育老师拿起卷尺一测量，面露惊讶之色："三米一六！"同学们也发出一阵惊呼，真乃高手也！

飞人叶不仅跳得远，短跑、长跑也很擅长。

瞧！她正在跑一千五百米。她那矫健的身影飞奔而来，脚步轻灵又有节奏，像踩着风火轮一样在跑道上飞驰，双臂不停地前后摆动，仿佛安了加速器似的。

须臾，已甩开同学们一大圈。这还不是最牛的，飞人叶跑完一千五百米全程竟然呼吸平稳，在操场上散起步来。

怎么样？就是这么一个飞人叶，够猛，够快，够神奇！

陈嘉艺 / 绘图

店长陈

陈曦冉

店长陈 图 陈曦冉 画

店长陈脾气不好，但慷慨大方，店长咪有很多宝物，咪新奇她有嘛。

在街上开个店算不得新鲜，谁要是能在教室里开个店，那才是真能耐。我身边就有这样一位奇人，不仅把店开在了教室里，还开得风生水起。

此人长相精明，双目炯炯有神，小嘴能说会道。最要紧的是她颇为睿智，脑袋里好赛装着一本生意经，靠着做小买卖在启航中队胜友如云，大伙都亲切地称她为店长陈。

要说陈店长的生意经，第一条就是找需求！学生每天用得最多的是啥？当数文具是也。可谁没有个物资匮乏的时候？比如本子用完了，橡皮不见了，都是常有的事儿。问别人借，借到了是人情，借不到就只能干着急。旁人从这里面看不出啥门道，可她却瞅准了商机，把零花钱积攒下来用于进货，然后如火如荼地卖起了文具。

她的店没有招牌，没有门面，只有切中顾客需求的商品，全都装在课桌里。不打开发现不了里面的奥秘，一打开就别有一番洞天。笔、本子、橡皮、修正带、便利贴……各色的文具应有尽有，琳琅满目，让人目不暇接，好赛刘姥姥进了大观园。

"店长，给我两本作文本！""我要一支黑笔！"每到课间，文具店就热闹了起来。店长陈做生意，讲究一个大方。谁没带钱，东西先尽管拿走，账赊着不成问题。还有一条"人买我送"的规矩：哪个要是买得多，她就送点东西，买得越多，送得也越多。

虽是买卖，但店长陈只赚点跑路费，关键是帮同学解燃眉之急，因此也不失为一桩善事。每天放学回家前，她都会认真盘点一下货物，在小账本上做好记录，物品的单价多少？利润多少？卖出了多少？账本上都一清二楚，真是将数学知识学以致用！

又到了周末，店长陈又该拿着零花钱去进货了……

陈曦冉／绘图

淡定胡

邵佳颖

谁说话？

淡定胡

邵佳颖画

淡

定

淡定是她一到五年级的头号口头禅。淡定一词我们几乎每天可以听到二十多遍。

——邵佳颖

三百六十行，行行出状元。泥人张、快手刘、刷子李，各个身怀绝技、令人佩服。小小启航，处处人才，藏龙卧虎。今天，我就带大家瞧瞧咱中队奇人之一——淡定胡。

淡定胡这人啊，身材矮小，一米四刚出头，体型瘦弱，细腰盈盈一握。配上那炯炯有神的大眼睛，显得呆萌可爱。因该女子常把"淡定"二字挂在嘴边，久而久之，大家便称之为淡定胡。

她遇事淡定。淡定胡爱写剧本。一天，她埋头创作，老师让她和呆萌方打扫教室，并嘱之动作要快，卫生检查员随后就到。她们打扫到一半之时，淡定胡眼睛一亮，一拍大腿，兴奋地惊呼："有了！"旋即丢了扫把，又投入到了创作之中。这时，呆萌方焦急地喊道："检查人员已经在隔壁教室里检查了！我们地都没扫，怎么办？"只见淡定胡应声答道："淡定，淡定！"说罢，她丢下纸笔，飞速地拿起扫把，装模作样地扫起地来。过了一会儿，检查员步入教室兜了一圈，大笔一挥，在黑板上写下：地面脏，扣一分。这时候，淡定胡两眼上下一转，两颊微微上提，挤出微笑，手往下一摆，嗲声嗲气地说道："检查员行行好，我们刚开始扫地，能不能迟点再来查？来来来，喝杯水润润喉。"她一眨眼的工夫变出一瓶水，递了上去。就这样，淡定地化险为夷。

她遇师淡定。在同学面前，淡定胡大大咧咧，常常顾了此失了彼，填了东缺了西，什么话张口就来，甚是活泼。在老师面前，淡定胡却能异常淡定，风采不亚于在同学面前。一次，一位陌生的老师来上公开课，那会场人山人海，黑压压一片，坐在台上的我们如同怀揣兔子——忐忑不安！小组讨论后，老师要求每组派代表上台交流。这活如同烫手的山芋，谁敢接啊！我们都非常默契地指向淡定胡，只见她一边默念"淡定，淡定"，一边捏着纤细的嗓音说："好吧，本娘子去也！"配合着眨巴眨巴的眼睛，颇有老戏骨的风范。一到台前，她语言流畅发言精彩，表现得落落大方，赢得台下老师的阵阵掌声。

这份淡定，这种表演天赋，实在让人佩服得五体投地。

邵佳颖／绘图

玩水吴
赵阳

玩水吴

他嘛，就知道玩水，玩得全人慌慌自己怎么买了个光盘……

赵阳作

咱咱，下课了，继续玩水！

又是他！

你看，门都湿了！

可不是吗！天天玩水，桌上椅上地上都是水！

"呼——哗——嘣——"是什么声音呢？不用猜，就知道一定是咱们班最爱玩水的吴昱辰闪亮登场了！

吴昱辰，别名玩水吴，皮肤黝黑，戴着副眼镜，乍一看像个老学究。若相处久了，就知道他其实与老学究根本不沾边。此人活泼好动，是个剥了皮都能跳的主儿。课间特爱玩水，到底爱到什么程度，且听我慢慢道来！

在我们教室的门口，有三个花架，上面摆满了各式各样的植物，是何仙姑特意打造的小花园。在花架的旁边还有两张色彩鲜艳的小沙发，供同学们课间休息，看书用的。为了便于浇水，花架上还放了一把喷壶。不知从什么时候起，这把喷壶便成了吴昱辰的私人玩具。

一日课间，我走上讲台，一束"子弹"擦过我的眉梢直奔墙壁而去，射到墙上，墙壁湿了一片，水花飞溅了一地。玩水吴一边喷一边喊："冲呀，迎接新世纪的到来。"他一边喊一边来了个三百六十度的大转身，把水往四周一洒，旁边的同学都跟着遭了殃。你看，左边同学的鞋子颜色瞬间变了色，右边同学的衣服上则印着不知道哪国的"地图"。桌面上的试卷、课本、作业本，也未免"遇难"，湿了一大片。

正当同学们围着他声讨时，何仙姑从后门进来了，看着他手中的喷壶和他的"战绩"，瞬间怒火中烧！既然这事被何仙姑晓得了，以仙姑的性情，自然而然"奖励"他伺候花草一个月。

对于旁人来讲，伺候花草确实是份苦差事，但是玩水吴却乐得合不拢嘴，这真是天下掉馅饼的大好事啊。

你看，玩水吴每天拎着喷壶，左洒洒，右筛筛，花草没享受多少恩泽，倒是可怜那地板，唉，彻彻底底洗了个凉水澡。玩水吴又想到什么，把喷壶使劲往上一扬，水成了一条条抛物线，太阳一照，竟隐隐约约地出现了彩虹，煞是好看。

嘿嘿，这玩水吴，我估计上辈子是水做的。

赵阳／绘图

妙手林

胡艺娴

咱们中队出了个画画高手，远近闻名。

这人身形微胖，眼赛柳叶，红唇皓齿，双耳招风。虽其貌不扬，却凭着一手"满汉全席"的绝活，得了个"妙手林"的美称。

妙手林，一向热衷减肥，然收效甚微，据我观察，缘自管不住嘴，迈不开腿。但他从不灰心，似乎人有多胖，减肥的决心就有多大。你瞧——

中饭时间到，焦躁的神情逐渐显露在他的眉宇之间。在排队的过程中，他眼神逐渐黯淡。早已饥肠辘辘的他，似乎不堪忍受排队之苦，有些焦躁不安起来。他盯着佳肴，强咽着口水，表情甚是痛苦，终于竖起一根手指头，极其艰难地吐出几个字："麻烦你，给我盛点米饭！"为了减肥，你看，他有多拼！

可惜好景不长。

他竟熬不到放学，就已经开始四处讨吃的了。好在班里同学均识大体，为配合他的减肥都不曾带零食。

此时的他，为了解决食物危机，想出了画饼充饥的妙计：只见他端坐在座位上，画笔一阵飞舞——嫩绿的青菜、油得发亮的红烧肉、颗颗饱满赛珍珠的米饭，跃然纸上。还有那鲜活的鱼虾、飘着香气的汤，好不逼真，好不解馋！说来也怪，妙手林竟沉醉在他的"满汉全席"之中，渐渐忘了饥饿，实在是妙！实在是高！

胡艺娴 / 绘图

书痴张

胡凝墨

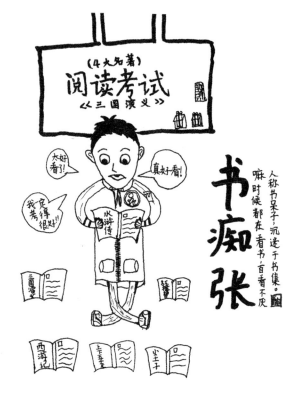

胡凝墨作

书痴张，原名张淳熙，瘦瘦长长，赛一根木棍儿。皮肤赛雪，皮细肉嫩，似乎吹弹可破，想必屋内看书待太久的缘故。说话轻声细语，一副谦谦君子之态，不由得让人联想，莫不是古代书中哪位秀才穿越了？

说他是书痴，真是毫不夸张。书就如他的左右手一般，形影不离。课间时候，只要你瞟到他，他定是窝在课桌下面兴致勃勃地看书，尽兴之处还会笑出声来。

某日，他应邀去参加同学生日会。同学们正玩得尽兴呢，唯独不见书痴张。同伴呼之未应，便四下搜寻，见其一人缩于书柜一角，津津有味地啃书，一副"此间乐，不思蜀"的沉醉模样。

嗜书如命的他，为了能够偷偷摸摸地看书，有时竟会三更半夜起床，在夜深人静的晚上，如痴如醉地看起来。一灯如豆，人如雕塑，这好学精神着实令人佩服。兄弟，你如此痴迷，莫非真是"书中自有颜如玉"么？

近日，书痴张又恋上了《过一场风雅的宋朝生活》一书。我们钟情于课堂作业时，他却低着头，双手捧着书，目不转睛，畅游书海呢，半节课的时间竟被他啃了大半。同学们陆续上交作业，唯见书痴张仍沉迷于书本，无动于衷。直到老师发问"还有谁作业未交"时，书痴张才恋恋不舍地放下书，心不甘情不愿地写起作业来。我敢断定，此时的他心一定还在那本书上呢。

唉，恋书如此痴狂，此乃一奇人也！

胡凝墨 / 绘图

白眼邵

吕芷萱

　　咱班的同学，个个硬碰硬，没一点绝活可称不上启航奇人。有头脑的，靠嘴皮子取胜；没能耐的，只能靠蛮力。可有一人却非同一般，他的白眼功夫出神入化，江湖人称白眼邵。

　　白眼邵人高个瘦，小小年纪"海拔"已达一米六一，上半身不怎么起眼，两条腿却长得跟竹竿似的，感觉风一吹或是轻轻一碰，人便会翻倒。单凭这身板，该如何混迹江湖啊！于是便练就了他的独门绝技——白眼功夫。

瞧，这天他坐在位子上写作业，旁边打斗的同学无意间把白眼邵的笔袋打掉了，还碰到了他正在写字的右手。瞬间，水笔在作业本上划出了一道又粗又长的黑色斜杠，煞是扎眼！这下可把白眼邵给惹怒了，他大叫道："你们有毛病吧！真是没教养！"说完便把他黑黑的眼珠子往上一翻，努力地只露出眼白，活脱脱一个失明的人。打那以后，只要有人惹他，他就会习惯性地送你一个大白眼。

这不，他对老师也翻起了白眼。有一次上课，淘气的白眼邵居然转身和同学说起了悄悄话，这一幕被老师发现了，便让他站着听课。没想到白眼邵耷拉着脑袋，白眼斜视着老师。这下可把老师给气坏了，狠狠地批评教育了他一顿："你不认真上课，还白眼，知道什么是尊重吗？"白眼邵低头无语，百口莫辩。

这白眼邵虽说会白眼，但为人十分热情，讲义气。只要你有困难吱一声，他立马飞奔来帮你，在班中自是人缘不错，渐渐地混得风生水起，也看不见他白眼了。

哈哈！如果你们想见识一下这位奇人，我倒很乐意当一次中介，让你们也感受一下他独有的白眼魅力！

吕芷萱 / 绘图

紫恋陈

黄驿雯

漆黑如墨的头发，灿若星辰的眼睛，肤白如雪，玲珑身材。若非此刻的她笑得如此洪亮，众人定要以为此女乃窈窕淑女，小家碧玉。

紫恋陈 辛丑年春黄驿雯画

漆黑如墨的长发，灿若星辰的眼睛，肤白若雪，玲珑身材。若非此刻的她笑声如此洪亮，众人定要以为此女乃窈窕淑女，小家碧玉。

此人是谁？便是我们班名声在外的紫恋陈同学，又称自恋陈。

陈同学偏爱紫色，已经到了痴迷的境界，尽人皆知。除了校服，她的衣物统统都是紫色。不知道的人还以为她有强迫症，见不得其他色彩，但事实只是她钟爱紫色。诚然，这外号的由来是因为她如此热衷于紫色，更是因为她过于自恋，却意外讨喜的性格。

这天，老师正在读描写同学的优秀作文。刚读到一半，谁知紫恋陈自恋的毛病又犯了。只见她，缓缓伸出了左手，做成兰花指状，在空中划过一道优美的弧线，去扶正她那副紫色边框的眼镜，然后手指并拢，撩了撩前额几缕乌黑的秀发……她似乎完全沉醉在自己的美貌之中，长吁短叹，嗲声嗲气道："哎，且看我生得闭月羞花，玲珑风貌，身材窈窕，怎么就没人写我呢？"

我不堪忍受，又不便明说，于是用一个似笑非笑的表情盯着她。聪明如她，自然明白我的意思。但她不但不因此收敛，反而理直气壮地反问我："怎么？我身材不好吗？是腿不长？还是人不漂亮？"说完，便用手托住了下巴，颇有一种"我见犹怜"之感，逗得我噗嗤一声，笑了起来。她的动作虽是夸张过度，倒也着实讨人喜欢——虽不是当真貌美如花，但这性格却也活泼可爱。她见好友喜欢，更是古灵精怪地演个没完。

虽说紫恋陈很自恋，但她却是个多面手。拉丁舞舞姿优美，得过许多国内外大奖，令我等好友膜拜；运动细胞发达，是班上叱咤风云的运动女将，令人刮目相看。

怎么样，你喜欢这位美貌与才华兼备，自恋与可爱并存的紫恋陈吗？

黄驿雯／绘图

百度魏

邓禹涵

邓禹涵作

话说启航学霸，想必大家都有共识，他就是年级里赫赫有名的魏一。此人成绩优异，知识渊博，贯通古今，可谓"上知天文，下知地理"，无所不知，无所不晓，就如行走的百度一般，因此，大家都钦佩地叫他"百度魏"。

百度魏这一称呼的由来，还要从那节语文课说起。课上，何仙姑提出的一个问题难倒了一大片同学。正当同学们都愁眉苦脸之时，只见百度魏眉头紧锁，手托下巴，不到几秒，便高高地举起了手，得意一笑，说："老师，我会！"

百度魏将他对这个问题的想法娓娓道来，句句都说到了点子上。何仙姑笑眯眯地说："完全正确，掌声送给他！"话音刚落，教室里便响起了热烈的掌声，同学们纷纷向他投去了羡慕的目光。说起来也着实神奇，我们怎么都想不通的难题，在他那儿准能找到答案。一问才知道，原来在日常的学习中，当他遇到不懂的问题时，便会刨根问底，认真钻研，积极地寻求答案，并将疑惑一一化解。久而久之，他养成了会思考、勤思考的好习惯，就像百度一样，问题一输到他脑子里，便能搜寻出答案来。

有一次，班级里组织百科知识竞赛活动。比赛的题目涉及方方面面：不但有学科知识，还有生活常识；不仅有时政热点，更有史书经典……可以说是包罗万象，难度颇高。面对如此严峻的考验，大多数同学都没了底气，可百度魏却毫不畏惧，比赛场上的他信心十足、镇定自若。在比赛过程中，他铿锵有力的回答尽显他扎实的知识储备，灵敏的反应和清晰的逻辑让在场的同学们拍手叫好。最终，他以显著的优势摘得冠军。

"人非生而知之者，孰能无惑？"其实我们都知道，百度魏并不是生来聪慧过人、知识渊博的天才，而是勤于思考、善于发现问题并解决问题的有心人，每一次精彩发言的背后都是他一点一滴的积累。这样想来，百度魏之所以能成为一名人人都羡慕的学霸也不无道理。我们所缺少的，便是他身上那股钻研问题的认真劲儿和探究精神。

这就是百度魏，一位善于思考、博学多识的学霸。

邓禹涵／绘图

吕主播

黄梓涵

　　吕主播，原名吕芷萱。她父母起名的寓意是芷若高洁，萱草忘忧。果真人如其名，她就是这样一个文雅、聪慧的妙人儿。身材高挑，亭亭玉立，且手如柔荑，肤如凝脂，柳叶弯眉下一双秀气的眼睛，美目盼兮，巧笑倩兮。上苍对她真是厚爱啊，给了她如此姣好的外形，还赐予了她一副金嗓子。此女子明明可以靠颜值，却偏偏靠勤奋练就了一副好口才，成了我们学校无人不知、无人不晓的吕主播。

　　吕主播一开嗓便如燕语莺声般，声音悠扬婉转。听她朗诵更是一种享受，她的声音清脆又婉转，温和又不失力量，犹如天籁，扣人心弦。听她读到"童孙未解供耕织，也傍桑阴学种瓜"时，田野间、农舍里儿童随着声音跃然纸上；听她读到"我什么时候能够用自己手中的笔，把那只载着父爱的小船画出来就好了"时，婉转得似深情交融时流下的一行热泪；可听她读到"美哉我少年中国，与天不老！壮哉我中国少年，与国无疆！"时，每位同学都瞬间热血沸腾。

声线条件如此好，她却还是每天坚持播音练习，毫不松懈。吕主播经常会参加校内外的一些文艺活动，代表班级参加"环小暖频道"，在"文明金华"上朗诵"诗意中国"等等。屏幕前的她，落落大方，笑容舒展，字正腔圆，俨然一副电台主播范儿。近期，她还获得了市亲子朗诵大赛的第一名呢！厉害吧！

吕主播不仅人美、声音好，你肯定想不到，她还有另两手绝活呢。她可是班里公认的毽子王，在校运动会上，毽子一起一落之间，闪动着她跳跃的身影；她的一手好字也让人叹为观止，字里行间一笔一画，像是刻上去的一样。

爱迪生说："天才是百分之九十九的汗水加百分之一的灵感。"在吕主播的身上，我看到了她成绩背后坚韧的品质，与其说是上天对她如此眷顾，还不如说是她自己的努力与坚持成就了自己。

吕芷萱／绘图

胖胖吴

叶金格

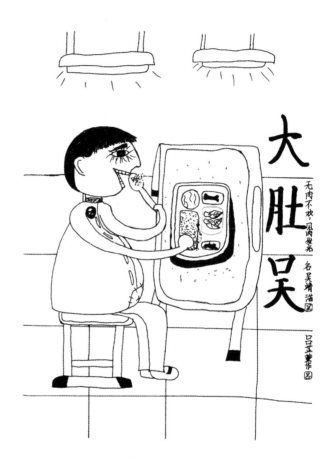

大肚吴

无肉不欢，见肉发光

名吴靖浩图

吕芸萱作图

胖胖吴，胖如其名，腮帮像塞了俩包子，捏一下弹性十足。他笑起来，脸上的肉就似浮云般将眼睛挤成一条缝，好赛慈眉善目的弥勒佛。胖胖吴的手指就是超级粗的大香肠，双手摊开活脱脱两只熊掌。他的肚子好似一个大皮球，你若是不慎撞上了，准被他弹飞一尺多远。

每次有人提及他的胖身材，他都是一脸云淡风轻，故作潇洒地回应道："吾等胖是胖，但仍有锁骨可见。"引得众人捧腹。

胖胖吴那"无人能及"的身材当然和他的干饭能力有关。

午饭铃刚响，就有人叫道："呀！胖胖吴不见了！"同学们转头一瞧，胖胖吴早已蹿到走廊上盛饭了。教室过道上，胖胖吴大步流星地走向座位，挥起他的干饭武器，对着肉块就是一顿猛攻。他以光速干完了这一大碗饭。那粉扑扑、肉嘟嘟的舌头在饭盆里不断清扫，就连一粒肉渣子、一滴汤水都不放过。要是邻桌碗里还有没吃的鸡米花，他定会贪婪地盯着，满脸堆笑地说："可以给我一颗吗？"要是你起身去倒饭，他准会唠叨一句："浪费可耻！"

最近，学校正举行"光盘我能行"争章活动，要我说，这光盘能手非胖胖吴莫属。

吕芷萱／绘图

万能胡

郭林欣

看到这个题目，您肯定很诧异，哪里会有这样的奇人呢？别急，我身边还真有一位，请听我慢慢道来。

万能胡个子不高，一双晶亮的眸子，明净清澈，灿若繁星。肤色偏荞麦，在人群中乍看一眼，还真没啥特别与神奇的。但在我的眼里，她确实与众不同。

她是同学们的"主意王"。每当同学碰到疑难问题总会请她出谋划策，她眼珠一转，准能想到一个好点子，同学一听无不拍案叫绝，就这样在班中混得风生水起，人称"女版小诸葛"。她虽说身高没有优势，但总能在一颦一笑之间，自然流露出她的自信和聪慧，让人不得不惊叹于她的灵光一现。

她是舞台上的"百灵鸟"。幼时开始学习唱歌，这些年来在婺城各大文艺汇演的舞台，总是能见到她的身影。在聚光灯的光环下，她声音随音乐灵动，时而磅礴力铿锵随心豪迈，时而高山伴流水舒适宜人，时而牡丹半露笑娇羞欲滴。那声音总是百转千回，犹如银铃动听，又赛过百灵之秀美，许她"歌神"实不为过。

她是键盘上的"精灵儿"。我俩钢琴师出同门，但她刻苦、自觉均胜于我。她经常把琴房想象成独奏会。完成老师布置的练习作业后，她总会自己给自己加压，在网站上下载当下最流行的歌曲，自学弹奏。当弹奏到歌曲高潮部分，还禁不住哼唱，一兴奋索性自弹自唱。难怪老师总跟我打趣地说："你师姐完全可以出师了。"

她是球场上的"流川枫"。谁说女儿不如男？她偏不信这个邪，在篮球场上，她立志定要赛过男生。从二年级开始学习篮球，她吃苦耐劳的劲儿让人钦佩不已。与男生一起训练，哪怕严寒酷暑，一天也不落下。谁说小个子抢不了篮板就不能打篮球？正是她的小个子，让她十分灵活，成了非常出色的后卫队员，男生们一不留神就被她断了球，真是巾帼不让须眉啊！

她是班级里的"剧作家"。她自学成才，写过很多剧本。每当她写好一个，班里的"群演"们总会非常配合地原模原样地演下来。

介绍到这里，您会不会感叹，一个五年级的学生，怎么能干这么多事情，而且每件事情都干得这么出色。正如她自己所描述——"卿之德行，在于父母之信任、师长之教诲、同窗之帮助也"！

林子淳 / 绘图

干饭林

何婉瑜

原名林晨 何婉瑜所作

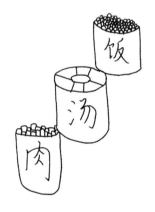

干饭林，原名林晨，身强体壮，胃大无边，故称"干饭林"。

干饭林身材极肥，脸庞白嫩，似刚出笼的大馒头；肚如烤饼的大炉子；腿赛金华大火腿。宽如大饼的脸与那双小眼睛很不相称，显得特滑稽。干饭林就那么一胖子，有嘛能耐？别急，且听我慢慢道来。

每到中午饭点，干饭林必会高呼："干饭了！干饭了！"像为自己打气。随之拿起饭勺饭盆，乒乒乓乓乱敲一阵，似在演示那是一个空盆。别看他平时跑步慢吞吞，身上的肉一上一下发泄着不满，若被叫去装饭啊，定赛离弦之箭。

打好饭，别人就算见着再好吃的菜，也只眼巴巴地盯着，回座位再吃。可干饭林偏不！非拿个饭勺立马使劲往黑洞般的大嘴塞几口，然后立在菜桶旁边吃边等着再加菜。干吗再加量？这还不是拜他那不知道嘛时候能填满的肚子所赐。

加完饭菜，干饭林拿起饭盆狼吞虎咽起来，所吃之处，肉空菜无。瞧，干饭林倾斜起饭盆，快速将勺子在嘴与饭盆之间来回摆动，连吞带咽吃下去，也不细细品味。那激动的架势，似身处饥荒年代，几天没吃东西。因为往嘴里塞得多，非得使劲咀嚼，可这一嚼呀，他脸上的肉便拼命颤抖，如一个抖动的灌汤包。

干饭林还有另一令人称绝之处，那便是"泡"和"拌"！舀起一勺汤汁，洒在洁白无味的饭上，再用勺子拌一拌，使其完全浸泡于汤中。再尝那泡在汤中的饭。别说，这味道还真不错。

干饭林吃饭快——一气冲天（添）。

何婉瑜／绘图

狂人郭

胡子宽

∧狂人郭∨ 胡子宽画

郭睿昕，乍一听，这个名字还挺风雅，应该是一位清秀甜美的女生吧？其不然，郭并不高，短手短脚，好扎马尾辫，一副精明能干的相。她好跷二郎腿，一副不可一世的老爷样儿。最奇的就是她的鼻子，低低的鼻梁，鼻头又大又短，加上厚厚的鼻翼，宽而扁。好一个上小下大，脚重头轻的大蒜鼻哟！再看此人的嘴，极大，真像是两块夹在一起的吐司片儿！

此人性格不似名字一般文静甜美，相反有点张狂并带点泼辣，主要体现在魔性的笑声与夸张的神情两方面。

一次，某位同学在课堂上放了个大响屁。这是一件挺正常的事，屁乃人身之气嘛，奈何郭同学独自一人哈哈大笑。她的笑声立即引来全班的关注，四十多双眼睛齐刷刷地转向她，那副张狂的样儿，令人不忍直视。只见她全身夸张地抖动，嘴巴咧得大大的，露出两排参差不齐的牙齿。人家说女孩子应该是笑不露齿，而她倒好，笑必露齿。她越笑越厉害，许是要装优雅，用手捂住嘴。这样一来，她那发抖的身子便没了支撑，一下子朝东倒，一下子朝西歪；一下子向后仰，一下子趴在桌子上。好赛台风中的大树，东倒西歪，扭扭斜斜，似是受尽了天打雷劈般的折磨，连坐稳的力气也没有了。

郭的笑声，也是别具一格的。她的笑声长，是一整串儿一整串儿的，很少有间断，好赛一列失控的火车，很难停下来。她笑一下，就抖三下。一声接着一声，一抖接着一抖，好赛正在爬楼梯，一阶一阶无缝衔接，极其完美。越往下笑的速度越快，笑声就越短小。她的笑声富有魔性，加上郭的嗓音原本就又尖又亮堂，因此就形成了利剑般的笑声，一声一剑，刺中心灵，或令你悲伤，或令你恼怒。这一点与我们班里同样爱笑的徐诗涵同学有着天差地别。徐的笑是趴在书桌上，笑一阵子就没了，是天真而无邪的。

郭得意洋洋的表情，是愈看愈令人生气的。只要成功做完一件事，她的头便微微向上抬起，鼻孔使劲鼓起来，撑起两个黑洞洞的口子。下嘴唇向上翘起与上嘴唇重合，并且双手叉腰，双腿劈开，似乎在说：老子天下第一！那溜圆溜圆的眼睛里，那漆黑漆黑的鼻孔里，喷出一股傲气，似乎在挑衅。如果你初次见到她，看她摆出这副模样，定会气得语无伦次。我见得多了，反倒觉得有些可爱呢！

胡子宽／绘图

炫哥传说

刘丰睿

炫哥传说 赵昀 画

哪里有江湖，哪里就有炫哥的传说。

炫哥，个高，不胖不瘦，颇有点儿玉树临风之感。他脸盘不大，眉似山黛，眉头浓而眉尾淡，眼不大不小，炯然有光，红唇皓齿，好赛王俊凯般英俊。

传说一——自恋哥

炫哥有一大爱好，臭美。若说这七色江湖中，哪一号人物最自恋？非炫哥莫属。平时有事无事，他总爱拨弄自个儿那比鸡毛长不了多少的头发。每日空余当儿，必定上演一番"摸发杀"。这不，今儿个好戏又开锣了。只听炫哥一声吆喝，一大堆同学便立刻围了上来。炫哥双臂一抱，身一挺，头往上一抬，下巴高高扬起，好赛一只无比骄傲的大雄鸡。如此一来，炫哥已然是聚光灯下的焦点无疑了。但见他缓缓抬起右手掌，举至空中一撩，继而拂过前额，将头发往后一捋，脑袋配合着一偏一点，眉毛往上迅速一提又一提，口中"啧啧"一声。自以为风流倜傥，貌若潘安，不可一世。男生哄堂大笑，女生一阵白眼，异口同声哂然道："哇哦！——好'帅'哦！"这时，炫哥做飘飘然状，两眼发光，仿佛在说："不要崇拜哥，哥只是个传说。"也许这话是实在开不了口的，他竟厚着脸皮说："一般一般，世界第三。"

自恋哥的名号由此响彻七色江湖。

传说二——淡定哥

炫哥是个练家子，做起事儿来"底盘"够稳。您瞧这哥们儿，上课笔直不动，比松树还稳；一个表情没有，那脸就像用钢铁锻造出来的，赛个铁面人。如果班级像蒸了的米饭，炸开了锅，都"熟"了，他就似那未剥壳儿的米粒，就是"熟"不了。就算"熟"了，也得"剥壳儿"。剥去那层壳儿，可赶得上登天了。你愈逗他，他愈坐得端端正正。整整一堂课，奈何他的身板笔直得赛一方塔，纹丝不动。

若是下课当儿仍有作业，即便是有同学眉飞色舞、口若悬河、妙语连珠，众生已然笑得捧腹不止、东倒西歪，也丝毫撼动不了炫哥的二次元空间。您瞧，炫哥置若罔闻，面色未曾改变一分儿，板正坐姿不变，或翻书本，或奋笔疾书，那个嘈杂世界与他何干！

如此淡定，江湖中若炫哥称第二，无人敢夸自个儿第一。

传说三——功夫哥

其实呢，炫哥这名号也不是白来的，他可是我们学校武术界的风云人物。只见他身着武衣侠服，面容整肃，大步流星迈上台，站好，一拱手一作揖，干脆利落，颇显侠士风范。再观炫哥的武术表演：静若处子，动若脱兔，动作一气呵成，行云流水。双臂出拳时虎虎生威，身子腾空时身轻如燕，扎好马步时稳如泰山。阳刚之气浩然存于天地之间。场下的喝彩声、掌声、欢呼声经久不息。炫哥却淡然一笑，抱拳相谢，转身下场，仿佛挥一挥衣袖，不带走一片云彩。好一个顶天立地的飘逸少年！功夫哥乃实至名归也。

只要江湖还在，炫哥的传说就一定在。

杜昀 / 绘图

大胃毛

陈柯霏

却说吾班能人如云，奇人触目皆是、灿若繁星，性格迥然相异。吾今日且道一人，此人因肚大如鼓，好赛无底洞，人称"大胃毛"。

大胃毛脸似大饼，手如香肠，矮矮胖胖，整个人圆咕隆咚，像个巨型皮球，甚是可爱。

他胃口甚佳，且食量惊人。一日正午，恰到吃饭之时，大胃毛平生跑得悠悠慢慢，此刻却不知何来劲也，健步如飞，以迅雷不及掩耳之势跑进教室，再以飞人之速拿出饭盒，又以箭般速度冲出教室，跑到队伍最前面。待盛好饭，大胃毛即喜滋滋地端着饭盒，边走边吃，"吧唧吧唧"回到座位上。只见其大口大口地嚼着，狼吞虎咽地吃着。嘴巴动个不停，即使别人不喜欢的菜，他也照样吃得津津有味，不时还吮吸一下手指上的油，舔舔嘴边的饭粒，如同一个礼拜未吃过饭。还没等最后一个人打完饭，他又已经起身排队添饭菜了，还一个劲对着后面的人边嚼边喊："我可是第一个来的，你们都得排在我的后面。"

每餐饭，他打底要添两次饭，有时甚至要添三四次。即便如此，他还是一副没吃饱的模样，妈呀，每天都吃这么多，胃口也太好了吧。

就因为这食量无底，跑步的时候，大胃毛吃尽了苦头。众人皆跑得自由自在，悠闲轻松，唯独大胃毛一个，嘿哟嘿哟，拼命追赶。瞧，他边跑还边左右晃脑袋，脸上的肉肉上下跳舞。跑着跑着，衣角上卷，肚腩上的肥肉争先恐后探出脑袋，嘻嘻，它们你挤我，我挤你，真搞笑。这时，大胃毛便会伸出肉嘟嘟的熊掌拉拉衣服。顿时，操场上一阵爆笑，笑得大胃毛都不好意思了。

虽说大胃毛吃起东西来一点也不客气，可学习时他还是很上进的哟！欲知大胃毛尊姓大名，他就是我们班的毛科涵同学。

陈柯霏／绘图

干饭王

郭梓宸

干饭王

原名：王宾焜

4/2021　郭梓宸作

干饭王身材微胖，擅长冷幽默。那东西是啥，明明心中一清二楚，却故作不知，深情地闭上双眼做陶醉状，慢慢地用鼻子凑上去嗅。鼻翼一翕一合有节奏地抽动着，嘴里发出长长一声"啊"的感叹，只差嘴唇贴到物品。有时是难闻的异味，他也偏偏要去闻一遭。要问干饭王此举何为？实乃为博众师生一笑。

然，令众师生捧腹的，乃干饭王吃饭的样子：狼吞虎咽，囫囵吞枣，速度惊人。每日用膳，不论干饭王何时领到饭菜，他总是第一个吃完。一次，我暗暗鼓劲，低头使劲咽着饭菜，全然不顾鼓得快撑破的腮帮，只为吃饭速度超越他。结果等我吃完抬头望去，干饭王早已捧起了课外书，悠然自得地看了起来。

　　我特意观察了他的吃相，也没啥特别，就是饭勺兜得比别人满，嘴巴张得比旁人大，咀嚼的次数比同学少，从嘴巴流入食道的速度比同学快。我们一度担心干饭王的吃饭速度影响健康，但五年同窗的事实证明，我们多虑了。

　　干饭王不仅吃东西比旁人快，而且吃得还比旁人干净。但凡经他嘴的餐盘，就像用抹布擦过，一星油花都不见。如果他遇见自己爱吃的菜，那双绿豆大小的眼睛就会放出精光，好像太阳底下闪耀着的钻石。

　　一日篮球赛，干饭王抢球时摔了一跤。好家伙，那身躯竟然从摔倒的地方一路滑行到篮筐底下，复又站起身抢球投篮，竟然毫发无损。我们猜测，干饭王之所以没事，可能归功于干饭积累出来的一身膘吧。

郭梓宸 / 绘图

慢爷胡

李恩熙

慢爷胡

李恩熙画

　　慢爷胡大名胡子宽，人长得又高又瘦，双目有神，颇有几分帅气。因为他吃饭慢，交作业慢，收拾书包慢……由此得名"慢爷胡"。

　　开饭了，在幽默唐的指导下，同学们井井有条地打饭盛菜。大伙儿纷纷排队等着盛饭，只有慢爷胡一人坐在座位上聊天。直至值日生催他，才慢慢起身，大摇大摆地走到柜子前，拿出饭盒，打开盖子，转身盛饭去。盛好饭回座位，他拿起勺子，舀了一勺饭，塞进嘴里，嚼几下，又转过身去跟后桌聊上几句，然后又转过来，拿起勺子，舀起一勺饭，塞进嘴里，嚼了几下，接着又转过身去。如此反复，直到身边同学全吃完了，他才姗姗吃完，跟丰子恺笔下的"鹅老爷"有一拼。

下午放学，同学们在王老师的指导下，整理好物品，等待放学。但慢爷胡一人却还在埋头写字，直到同学们基本走光了，他才慢慢起身，抽出书包，将桌面上的书一本一本码好，慢条斯理地放入书包，然后背上书包，提起饭盒，朝楼下走去。明知最慢，却还不时找机会和旁人聊上几句，真不愧是"慢爷"。

一次，老师给我们布置了一项作业，只见慢爷胡打开铅笔盒，指尖在一堆笔间来回拨动，最后终于停在了一支乳白色的笔上。他轻轻地拿起那支笔，抚摸了一阵，才拔下笔盖，抹平作业纸，慢慢吞吞写了起来。我写好了作业，抬头一看，他居然才完成三分之一。

虽然慢爷胡动作很慢，但做事讲求精致，可谓慢得有理，慢活出精品。

看来，慢也未必一定是坏事。

李恩熙／绘图

神游张

吕思翰

神游张

吕思翰作

同窗学友中有一位奇人，他就是张家玮。这厮小平头，小眼睛，矮个子，样样皆浓缩。要说他奇在哪儿？嘿——您还别说，他的能耐还真不赖，他总是生活在自己的世界里，无论谁跟他讲话，都不能同频共振，好像有一道无形的屏障隔着似的，永远不在同一"频道"。

下课了，这位张同学可以玩得挺疯，可是一到上课，他就自动开启了屏蔽模式。只见他脖子一缩，脑袋耷拉，眨眼的工夫那原本炯炯有神的眼睛顿失光泽，好赛一个深邃的黑洞。甭提了，他已经进入自己的空间里头。神的是，他明明迷迷糊糊不清不楚，却准能在老师即将叫他或者下课的前半分钟醒过来，回到这个现实世界。这能耐可真不是吹的！

上周四张同学急匆匆地从教室后面绕到前面去交作业，半路突然吆喝起来："战斗机、坦克、吉普车……"我正好听见，急忙拉住他说："张家玮你醒醒呀，张家玮你醒醒呀！"他眨巴着眼睛倏地从自己的世界里切换出来，并问了一句："怎么了？""我还想问你刚才在干什么呢。""我没干吗呀！我刚才只是在清点作战装备。"他回答。"嗯……哪里有？"我又问。他说："我真的看见了，不仅看见了我还摸到了呢！别吵我，那边的将军还要请我吃大餐哦！再见了。"话音刚落，他就挥着手跑开了。此时我看他的眼神又变呆滞了，我纳闷地问他同桌："你有没有觉察到张家玮有什么异样啊？""有啊，他刚才不但摸了我的头，还用手在我头上敲了好几下，说真是块上好的钢铁。"我正吃惊，她竟随口丢下一句："见怪不怪，他经常这样的。"

更让人匪夷所思的是，即使在课堂众目睽睽之下朗读课文，他也可以"神游物外"。从一开始的声音清脆响亮，慢慢地越来越小，直到自言自语一般开启了屏蔽模式。即便陆先生让他再读一遍，甚至三四遍还是那样，每次都在陆先生无奈放弃中作罢。

这样的神游张你说奇不奇？他活在自己虚构的世界里，做着独一无二的酋长。我佩服他，佩服得五体投地，因为我从没见过像他一样的人。

吕思翰 / 绘图

飞机楼

吴文楚

金华小奇人

飞机楼原名楼宇辰，身高五尺，粗胳膊粗腿，哪哪都粗，眼小赛豆，常人只知道他好斗，但其有一隐藏功能——把玩"战斗机"顶溜。

任何一张纸，不论大小、软硬、厚薄，只要到他的小胖手上，立马变成一架纸飞机，您别说，这飞机还做得贼好看，据说都能放在展厅上展览了。当然这仅是传言，反正我是不信。

四五街上的周大姐一下子订购了十几架飞机，但心里头却是想摸摸飞机楼的虚实，抽出一大沓纸，大小不一。飞机楼歪歪斜斜地坐着，两手抽出一张纸来，那双手赛一龙一凤，在九天上这儿舞那儿飞。快比飞鸟，疾如闪电，白纸旋来旋去，飞机楼的眼珠子瞪得都快凸出来了。又听几声嘶嘶，我赶紧一瞅，这纸页是嘛平的，得用激光扫射吧？还没来得及看，又见他手一翻，手指头一曲一伸，影都见不得，那纸好赛自个儿折起来的，最后用劲一扯，那纸嗡嗡出声，冲地一扔。我塌腰朝地看，天哪，这是嘛神功，机翼展得比真的还真，战斗机的小尾翼片都立起来了，只是没有色儿，那样儿，怕是战斗机的缩小版。周大姐目瞪口呆，不敢相信这是飞机楼才用了几秒时间折起来的。正冲我想这当儿，两架飞机又横空出世，一架、五架、十架……足足做了十七架。

那一堆白，全是飞机，最大的有篮球那么大，小的顶黄豆。客机、战斗机各种型号的都在里头了，机翼有直有斜有弯有上，那机头有圆有方有尖有钝，但各个都仿得神乎其神，这不就是一小型飞机场吗？

这只是其中一例，飞机楼的神还不止于此，除了造机，他还能开机。

一日，飞机楼给我做了架飞机后，那活跃的心扑通地蹦，根本抑制不住，便攥着一架飞机，身体仰得贼低，都贴地了，赛一支满弓的箭，要喷出来了。忽然，飞机楼使了劲向前一跃，手霎时松开，战斗机蹿出来，嗖的一声，它划过天空，冲在了气流之上。之后，飞机一拐，向着地面疾速下降，越降越快，眼已经追不上了，只听叭的一声，我定睛一看，一抹白撞在隔街陶二姐的大脑门儿上，正是那飞机，只见陶二姐痛得大喊大叫，呜呜地骂了几句飞机楼，眯着眼，继续捂着脑门儿不作声了。

再看看那战斗机，除了机头有点钝，其余完好无损，令人不禁怀疑，这飞机是不是掺了铁？别说抗日战争了，外星人入侵都不怕，虽然不能轰炸，但启动个自毁模式还是绰绰有余的，还不需要牺牲。

从此，飞机楼在江湖上便立了足，还收了几个徒弟，成了一名"成功人士"。

吴文楚 / 绘图

紧张包

徐雨彤

读书会

紧张包
原名包紧张
徐雨彤作

班级同学中，要嘛人有嘛人，要多奇有多奇。这位紧张包便是奇人之一。

紧张包，勤奋好学，对同学热情大方。别的都好，唯独容易紧张。

老师若是请她发言，那就只听得见几声断断续续的音，更要命的是，还听不清楚发的是啥音。四五个字卡顿一下，四五个字卡顿一下，形成了独特的节奏。那声音仿佛信号时断时续的电视：里边的人物正说着话呢，嗞一声，画面立马雪花一片。约过一秒钟，突然嗞的一声，画面又来了。这种画面一直循环播放，观众肯定没有兴趣欣赏了。

紧张包不仅课堂发言紧张，即便是充分准备的情况下演说，也会紧张得不得了。班级读书交流会快开始了，瞧，紧张包正疯狂地背稿子。终于隆重登场，却见她一脚前一脚后，一手别于胸前，一手垂在身后，战战兢兢走上讲台。"呼哈，呼哈"，那急促的呼吸声，你听了都紧张。站在讲台上，怎么还不开口？那眼直直地盯着自己的座位，恨不得立马奔回去。稿子不是早已经背得滚瓜烂熟了吗，怎么一开口就完全含糊不清？叽里咕噜一大串，说嘛，愣是没听清。

咦，最近，紧张包好像进步了不少。这可全是程老师的功劳！程老师把脉诊断，给紧张包开出一味药，那就是请她多多发言。实在接不下的话茬，多亏了机智的程老师，像是紧张包肚里的蛔虫，总能及时圆了场。时间一久，紧张包似乎不那么卡顿了。

目前，紧张包正在奋力摆脱"奇人"称号。

徐雨彤 / 绘图

刘三碎

陈静好

　　就说这七色江湖怪事多，趣事多，奇人也很多。其中就有这么一人，不看不知道，一看忘不掉。她就是"刘三碎"。

　　瞧，这小姑娘。一双泉眼儿般清澈的眼睛忽闪忽闪的，笑起时就是一对卧倒的月牙儿；受惊吓时，眼皮子紧闭得连缝都找不着；生起气来，和被抢了食儿的小猫一样，竖起背上的毛，向人发出嘶嘶的低吼。不过她很少会像疯猫，平时顶多是只小乖猫，将爪子收进肉垫里，像极了淑女。

　　何为三碎呢？诸位不急，听我慢慢道来。

其"脚碎"奇在她的独门绝技"刘氏小碎步",这步态极为罕见。这"刘式小碎步",没两下子还真走不来。干吗这么说呢?看似轻轻松松地一蹦一跳,认真看发现后脚尖子紧贴着前脚跟儿,距离绝对近,近得差一毫米就要踩上了。让人都替她捏把汗,可她自个儿就是踩不着。每个落脚点都像计算机算过似的。看她走路,就怕她摔着了,可她走得竟与常人毫无差异,走得如一阵风般轻盈。

二则是"手碎"。何为手碎呢?她写的字又细又宽,每个笔画之间定会空上两三个毫米,看上去都是分开的"碎字"。更厉害的是,她能用零点五的粗笔写出零点三的细笔迹,甚至更细。这真是一双有魔法的手,让人匪夷所思。

三则是"嘴碎"。刘三碎讲话极快,听她说话如同眼前驶过一辆超级长的火车,无数车厢连绵不断,每节车厢之间都断得分明。火车一动,咣当咣当巨响不断。她的话语成篇时,必有一断节处,其语句便如火车一般,字与字断,词与词断。每次断开又没有特定的规律,让你听也不是不听也不是。一次,我俩同看跑步比赛,她站前我在后。操场上人山人海,挤得水泄不通,我站在后排干着急。只看见一个个圆乎乎的后脑勺,愣是看不着一个人影。欢呼声骤然响起,我急忙问她:"谁是冠军?"她激动地开始说道,从选手出发讲到谁领先了,从谁的跑步姿势不对讲到谁又抢了跑道……从她的碎嘴里跑出来的一个个词,硬生生地撞击着我的耳膜,可是我愣是啥都没听明白,到底谁是冠军啊?!

刘三碎真是个宝啊!别看她普通,奥妙在"碎"中!

陈静好 / 绘图

干饭黄娘

王子予

这娘子，吊儿郎当。干嘛嘛不行，专干干饭这一行。我不是说别人，正是咱班那鼎鼎有名的干饭人——干饭黄娘。

干饭黄娘这人啊，一听名儿，就知此人为胃大之人。你瞅瞅那模样儿，就一个字：壮！这脸圆的，一张大葱饼似的。这眉头乌的，嘛踏实的样子。淹了这黑眉的大厚刘海整天跟被水浸过似的，乱糟糟的，湿成一大块。这小肚腩嘛，赛是里边儿兜了个汤团，一大嘟噜。

干饭黄娘这名号可真不是吹牛。您别说，这家伙一天五顿可是打底的。在学校，她总嫌饭盒小，肉啥的也总吃不满意。这干饭人，可为吃饭动了不知多少奇怪的脑筋！

每到学校吃饭的点儿，这胖妞不管有嘛重要的事，总是不顾一切快速拿出饭盒，准备第一个冲出去盛菜。这德性，总让人觉得她家在饭点着火了，猴急！这妞也不管，只管干自己饭盒里的饭。她干饭的工具个个有样。勺啊，她专挑个儿大、盛得多的大圆勺子。饭盆啊，又大又深，简直就是个"饭缸"，连抽屉都放不下。

你是没见过这娘子干饭的样子。凡是在她面前的美食，都放不过五秒。就这胖妞，捧一大饭缸，吧唧吧唧吃个喷香？人家可没这么简单，人吃饭有办法，定是不想让别人说她饭量大，想着咋样能让别人觉得她胃口并不大。这干饭黄娘就这样儿！第一次摆着满身的脂肪去盛饭，看着那大肉块，眼冒绿光，抿了抿嘴，说："哎哟，少点哇！人家饭量不大，少点少点，知道没啦？啊，对对对，就这样。不错！"然后用她那大勺子火速干光饭后，满嘴香油、满口菜渣子走出来继续盛。她在第二次盛饭时总这样说："哎，你刚才盛给我的太少了，虽然我胃口小，但也没有小到这种米粒的程度哇！老娘的胃口是这么小，这么小，以后注意点！"她边说边比划出一个苹果大小的圈，捧着饭缸满意地跑回教室里继续享受"佳宴"。没过多久，她便又跑出来盛饭。这次的语言会比前几次温柔很多，她会一边大量地盛一边说："哎，今天人家吃得太少，体力有点不支，这次要多盛一点，我这盛世容颜才能显现出来。哎呀，这次盛得有点多了，没事！慢点吃，一定吃得完！呵呵呵呵呵呵……"这笑声传遍了整个教室和走廊。这来来回回，在规定的吃饭时间内，这娘子最起码要这样走进走出个五六次，没这数字，她心里便一天不踏实，总觉得肚子这一块空落落的。瞧这，嘛模样！

人人都说她歌唱得好，我估摸着就是这饭给吃的。干饭黄娘这人说，她要先吃蔬菜，在她宝贵的小胃里打底，再吃米饭肉啥的，看着挺专业，其实没啥，不过就是每餐多吃了一份三人的套餐嘛。这娘子，可没啥秘密！

王子予 / 绘图

微雕童

应辰恺

微雕童　郑景瑞画

有一微雕大师，潜心钻研微雕数年，其不同传统微雕技术——用刀尖雕，却用笔尖雕——字如微雕，画如微雕，雕出了一身能耐。

此人其貌不扬，短脖短腿，灰眼灰皮，身子软绵绵赛烤山芋，站如不倒翁，东倾西倒，走似拖油瓶，磨磨唧唧。甭提他模样儿，微雕起来，可是一声不吭，一丝不苟，叫人佩服！

一日课堂上，大家按规定时间交了作业，唯有微雕童低着头，眼睛和本子紧紧贴合，好赛交作业这事与他无关。只见他手中笔杆不紧不慢地抖动着。临近下课才长吁一口气，赛完成了一幅大作，心满意足地交了上去。"童某某！"忽然听到有人在唤他，"能否借为师一放大镜，让为师好好欣赏一番你的微雕大作？"原来是老师的声音，顿时全班哄堂大笑。笑嘛？也许笑那放大镜下才能看懂的"大作"，也许笑微雕童不恼不羞啥事没有的呆萌样。但从此"微雕童"这绰号便坐实了。

　　课间，微雕童埋头于案上写字，因稿纸薄如蝉翼，他小心翼翼地移动着笔尖，生怕戳破。吾等闲来无事，凑脸过去细细品味，乍眼一瞅，字如点点芝麻粒，见者无不惊奇，张嘴似脸盆，瞪眼赛铜铃。有好事者拿来放大镜，却见芝麻粒在纸上顿时明媚起来，个个小字伸胳膊伸腿的，写得有模有样，当下无不称赞。

　　写字如此，作画更是出神入化，唰唰唰的几声，竟勾出一台栩栩如生的机器。微雕童自言自语道："还缺些零件。"只见他眉头拧成一座小山，两眼直盯笔尖，不容一丝有误，里三层外三层，描绘出一个个小零件。没过多时，微雕童兴奋地欢呼："大作已完成，看威武不？这可是能打败所有怪兽的环太平洋机甲战士哦！"吾等拿来放大镜一看，结构清晰，细节刻画淋漓尽致，真可谓"麻雀虽小，五脏俱全"！看得众人目瞪口呆，佩服得五体投地！

　　有人说，此人应去拜师学艺，日后必是微雕高人，说法众多不一，不过微雕童若沉心学艺，成才定是理所当然。

郑景瑞／绘图

昆虫钢

杨钢

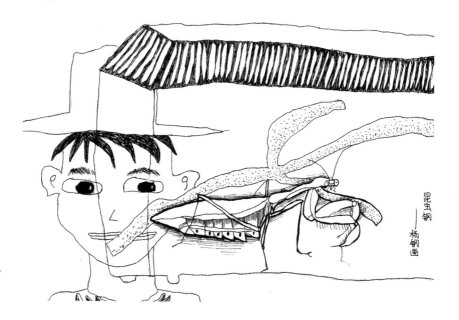

昆虫钢
——杨钢画

昆虫钢年方十一，人高马大、健壮如牛、皮肤黝黑、毅力坚定，乍一看丝毫没有昆虫学家的风范，反倒像是一个活脱脱的军人坯子。但人不可貌相，海水不可斗量，他对昆虫的了解可谓顶天了。

且不说他背记昆虫的名字、习性、形态有多滚瓜烂熟，光是饲养昆虫，便无人能超越。什么蝗虫、螳螂、螽斯、竹节虫……凡是那些能叫得上名字的昆虫，他能养必养，单是他养过的螳螂就有十多种。而且，不管对方是多么奄奄一息，经他那小黑手一照料，马上便如原先一般活蹦乱跳了。

话说那天，班干部竞选，许多渴望能当上班干部的人都拿着演讲稿来到了学校，当然也包括希望能继续担任科学课代表的昆虫钢。只不过他并没有拿演讲稿，而是拎来了一个大塑料箱，外面用袋子罩着，看不清里面有什么。

到了演讲的时候，只见他先把那大塑料箱啪的一声码在讲桌上，然后如同戏剧开场一般唰的一声掀开了套在上面的塑料袋……

"哇!"全班同学都惊呆了：原来那大塑料箱中正爬着一只通体碧绿的大螳螂，纤细的胸部，强壮的腹部，三角形的头部赛毒蛇般四处旋转。"这是我在楼下捉到的一只中华大刀螳螂，我刚捉到它的时候，它还只是只一龄若虫……"他从容地开始了对螳螂的讲解，好像竞选课代表的是螳螂。

昆虫钢所言不虚，此虫到手时只有蚊子大小，如何养大成虫? 昆虫钢自有妙计：喂蚊子! 说到做到，他拿起一张网兜，奔到楼下幽暗的地下室通道里，抄起网兜，对准墙上的蚊子快速盖去，一旋一裹，"嗡嗡嗡"蚊子被困在网中。接着，他又赶紧伸手卡住网的口端。跑回家后，又出现了新麻烦：怎么将蚊子装进瓶子。这可丝毫难不倒昆虫钢：他先把网口松开小缝隙，缓缓套在瓶口上，用嘴朝蚊子吹气，将其赶入瓶中，迅速旋上瓶盖，就大功告成了!

以上这个故事，对于昆虫钢而言，只是他喜欢昆虫的冰山一角。据说他饲养昆虫还有这么些规矩：一、只养野生昆虫，从不网上购买；二、不管昆虫有多么恶心、丑陋，只要是他抓到的，都必给它养老送终；三、昆虫死后，一律埋葬在楼下的"昆虫墓地"。

这就是昆虫钢，一个热爱昆虫又擅长饲养昆虫的男孩。

杨钢／绘图

漫画王

黄瑶

画画这行里也分一二三，没啥天大本事的，您就甭想让咱班的人记住，除非像她这种可上天入地水平的。您甭管，这啥人？有第一，没第二，第三要啥没啥。

她人高衣长，脸白圆润，红唇皓齿，眼小可爱，眉梢上翘，好赛模特。外貌奇，样样都奇，您还真别说，她正是"学习上梢"了，学习好得不能再好，画漫画也是绝顶的好，真是本领齐天的活神仙。

漫画王，大名叫王子予，她的能耐有两样：一是画画，二是伺候纸，这些事普通人甭想做成什么样！

要让她给您画人，画上任嘛甭画，就只一小人儿，单看着就赛升天般美，绝了！时间也准得很，掐着秒表，甭管大小，她非给你一分钟内画完，别不信，倘若没画完，她给您十幅，要是没这点儿本事，早被遗忘在江湖了，不然名气咋来？

人家有能耐，脾气倔得很。但凡有人看了她的画，都称精品，独一无二，美得赛过各个大博物馆里的珍品。想要她的画，别以为说一句"这幅要了"就真有了。人家早在一年前预订了，这都是限时、限量、限人，全凭手速的绝版、绝货。

　　说完画人，再说画房，人要住房是吧？漫画里头的人也要住房，他们的房，赛天宫！要是你住进去，就犹如置身于皇家宫殿。那房玲珑剔透，一层楼里就样样都有，大到客厅、餐厅、电视机……小到碗、筷子、勺子……凡是你能想到的，里边儿都有。

　　一天，干饭黄娘抢到了让漫画王画房的机会，要求画在一张长宽都不足十厘米的纸上。要是换成别人，这么精细的画，准要用小头笔来画，可是漫画王却不是，她偏要用那粗头大笔画，每天画的第一张画，别人总要跟漫画王讲："可上天可下地的神王，你得给我用小笔画，你这么大的粗头大笔，怎么可能画得好？"可她却赛没听见，照样拿着她那粗头大笔，画到啥更精细的地方，她反而用更粗更大的笔，这可把请她画画的那位干饭黄娘吓了一大跳，赶紧去扳她手，这哪有效果？漫画王盖着画纸，干饭黄娘哪里扳得动她那手臂，只能在一旁焦急地蹀着步，时不时往画笔那儿一瞧。不一会儿，漫画王已经将那房子画好了，干饭黄娘赶紧拿过来一看，绝顶精巧，根本看不出是用大头笔画的，真是绝了！

　　说完她画画，再说说她伺候纸的事。您别以为拿把尺子，横一笔，竖一笔，就能使房子生动，不依着纸面，还真画不出好画，您别说纸不动，不跑，它比会跑、会动的还难伺候。不依着它，它就不让你画，反复画又被弄破了，这看着啥都画不好，人家就有本事，只凭手中一支铅笔，在纸上摆弄几下，手一捂，一只手一摸纸面，纸怎么伺候，顿时心明眼亮，就放开手开始画，甭管啥色都乖乖跑上去，美得赛花，让人拍案叫绝！

　　纸怎么让她伺候得这么好，谁也不知道，她手捂着在里头干啥事，我至今存着疑惑……

放哨傅

宁文浩

放哨傅

那是蜜蜂还是蝴蝶啊？
柳树下有几只鸟呢？
那边的又是什么？

朱恩绨画

　　世界之大无奇不有，吾班就有这么一奇人。她个头不高，身材苗条，五官精致，眉目灵动。乍一看，颇有几分江南女子的婉约端庄！最亮眼的是那长长的脖子，如长颈鹿一般，上下左右灵活得很，好赛放哨员。此人原名傅悠然，是我们班的放哨傅。可别小看放哨傅，她的花样放哨极其独特。

　　每逢上课放哨时，她那威严的神情，好赛"黑猫警长"，洞悉各个区域的"敌情"。上课铃响了，放哨傅大显身手的时候到了。只见她乌溜溜的眼珠子转了一圈又一圈，好赛坐在座位上的是她的躯壳，灵魂早已神游到各角落去执勤。上看蝴蝶蜜蜂，下观蚂蚁爬虫，都已在她的监视范围。

她探头探脑，伸长脖子，双眼直视，这便是"登低探头式"。

她不仅关注窗外的大千世界，同时对窗内的小小净土也丝毫不懈怠，那坐姿赛不倒翁，左右摇摆；眼光赛探照灯，来回扫射。这不，二郎任又因跷二郎腿摔了个屁股朝天。放哨傅用了闪电般的速度，呼一下已经蹲在二郎任边上。她为了能更清楚地察看二郎任奇妙的摔姿，便跪在凳子上，把头微微低下，脖子伸得更长了，这便是"登中低俯式"。

下课了，放哨傅仍不松懈，她立于门口，且站在凳子之上，脖子伸到了人类新高度，双眼眯成了一条缝，全神贯注又小心翼翼地侦查可疑人员，这便是"登高望远式"。若有别班的死千前来挑衅，她便大声呼喊："同学们，挑事的死千又来了！"这一嗓子赛万钟齐鸣，震耳欲聋。班里同学一听，个个立马放下手头上的事，甭管三七二十一，冲出座位，直至门口。别班的死千看这架势，早逃得连影儿都没了。这不，只要放哨傅立于门口，死千就不敢再贸然行动。

在放哨傅身上，我们不仅看到了她的活泼好动，还看到了她的机灵可爱，她是我们班奇人中的一颗璀璨夺目的星星！

朱思绮 / 绘图

弹笔周

刘宸赫

　　要说我们班的学霸，一定是学霸周不可。此人皮肤略白，浓眉大眼，鹰钩鼻。虽相貌不扬，却是奇人一枚。这奇不在于学得登峰造极，而在于他弹笔玩得出神入化。

　　有一回，我和他在玩弹笔，同学们围了里三层外三层，只见他用手轻轻放下他的战士百乐笔，轻描淡写地说了一句："开始吧。"

　　开战了，我手一弹，那笔仿佛怯场似的，一点儿都不禁打，轻轻扭动了一下就趴下了，让我好生气恼！轮到弹笔周了，他腿略微下弯，深吸一口气，屏住呼吸。脸轻轻贴在了桌上，一只眼睛微微闭上，眼睛对准了我的那支笔，稍稍调整了一下位置，嘴角上扬，小心翼翼地用食指和大拇指轻轻一弹。这一弹不轻不重，不歪不斜，不近不远，刚好把我的笔推出了桌面，其他人"啊"的一声惊呼。弹笔周又微微一笑，而我呢，则在一波比一波高的喊声中灰溜溜地逃走了，这可真是鲁班门前弄大斧啊！

这弹笔周不仅单打独斗厉害，打团体战也是数一数二的。有一次他们在打配合战，到了最后一步紧要关头，当时弹笔周这组已经陷入僵局了，可他还是一如既往的沉稳，不慌不忙，把笔调到和敌人一条直线的位置，较了较准，最后毫不犹豫地弹了下去，只听到咚的一声，两支笔竟同时落下，弹笔周使了一计隔山打牛，这是学问与技术的完美结合啊，最终弹笔周在一群"铁粉"的簇拥下，霸气地走下了台。

这弹笔总有输赢，再厉害的人也有用力不足，没弹到或者是用力过猛飞出去的情况。这弹笔周奇就奇在不管是单人对战还是团体对决，只要有他在，就没人能赢得了，纵使我们起哄、喧闹、咬牙切齿、摩拳擦掌，他也是一贯的风轻云淡，从容镇定，丝毫不受一点儿干扰。

为啥弹笔周那么牛？因为他面对挑战总能轻描淡写、气定神闲地扭转乾坤，一招制胜。在我们心中，他就是我们班一位奇人也！

傅文瀚 / 绘图

好强周

郑书语

　　足球场上，只见一个身影，扭动小小腰板，浑身憋着劲儿，双脚踩风，带紧足球，来回驰骋。但见她双手叉腰，两眼直视，自信满满，准备射门。忽见其抬腿一脚，球就嗖地朝球门飞过去。这位就是我要隆重推出的人物——好强周。本名周瞳霏，现今乃校足球队主力。肯吃苦，不怕累，更好强，嘛事儿都得争第一。此人之好强，奇不奇？怪不怪？且听我慢慢道来。

　　这好强周，圆脸，眼似两潭秋水，赛个布娃娃，红唇皓齿。厚厚的小手掌，就是有股劲儿，每当被她握过手，总会留麻味儿。男孩直甩手，女孩直尖叫。

话说到此，你可能会问，这好强周，好强在哪儿？这得从她破校足球纪录说起。赛场上，忽闻一声令下，好强周脚下的球，像装了自动装置，迅速滚动。只见那双眼紧盯球门，双脚赛白鸟，上下翻飞，双臂挥动，这手脚那叫一个"干净麻利快"。两腿拗过来拗过去，带着那球，绕过杆子，一根又一根。只听嘭的一声，好强周进球了！"七秒！"轻轻松松破了校纪录，潇潇洒洒为吾班争得荣耀。

说来也真是怪了。自打有了这一次，好强周像是开了弓的箭，次次为班争光，回回都要争强。不但惊艳于球场，还常常活跃于课堂之上。这好强周，上课发言那叫一个积极。嘛题，无论会还是不会，都把手举得高高的，非得说个清楚，问个明白。若是没被请到，便会坐在位子上，发着呆，赛个棕熊。一听老师要请她，立时眉开眼笑，心花怒放。

说来也真是奇了。自打有了这一回，舞蹈课上，好强周更好强。必得争在第一排，不请她，便向老师争个明白。听闻同学英语比赛取得佳绩，好强周感叹："我若有时间，必得第一！"期末考试，好强周一路向前，跻身十强。真可谓"天下无难事，只怕好强周"。

郑书语／绘图

花腔钱

花腔钱

熊菲画

我班有一奇人，因声音多变而得一美名——花腔钱。

花腔钱的能耐可与常人大不一样。他一个大男孩，声音却赛小姑娘娇柔，似塞北汉子粗狂，亦赛动画人物奇特……没有他做不到，只有你想不到！

一日课后，我无事坐位子上发呆，忽而听到一句熟悉而搞笑的声音："我是海绵宝宝。"我心里一阵纳闷，思索着：嘛人能耐那么大，竟敢在教室里看动画片？仔细寻遍四周，并未发现用电子产品之人，心中作疑：难不成我出现幻听了？作罢之际，忽又听到一声小姑娘做作的声音抱怨道："唉，真无聊。"抬头寻声，才发现乃花腔钱发出。立时，三四人围上来，好奇道："刚那俩声音都是你发出来的吗？"花腔钱嘿嘿一笑，嗯了一声。"再来一个。""遵命！"花腔钱学着狗熊的声音答道。那声音浑厚又略带气喘，真是奇了！

花腔钱见众人一脸兴奋，满脸期待，便又学了一句："小李子，俺要用膳。"他虽是虎虎有生气的男儿，但此时的腔调却是不男不女，刺耳又尖细。众人一听，皆愣，继而哄堂大笑，笑得轻的，赛一朵黄花蔫得贴在桌上；笑得重的，早已不见了人影，只瞧见一团黑球在桌下一颤一颤。

花腔钱兴致越来越大，不一会儿，便赛一说书先生，开始用似鸭非鸭、似鸡非鸡的声腔讲段子。那段子如同一大家子蜂拥而至，刚听完一大叔的吓唬，继而又是一小孩儿的哭泣，转而又是一位母亲慈爱的安慰。安慰声刚罢，一位年长老翁咳中又带着喘声兼带气接不上来的着急声紧随其后……众人听后，更是东倒西歪，赛一个个醉汉，笑也笑不出来，只能张着嘴，喘着粗气，发出虚笑声。

上课铃响，众人与花腔钱方如梦初醒，但均意犹未尽。那有嘛法子呢？只好耐着性子，等下课后，继续欣赏花腔钱那百变之音了。

熊菲/绘图

食神威

刘昱恺

"人是铁，饭是钢，一顿不吃饿得慌……"一听此声，便知乃吾班奇人食神威来也。若人人谓铁，则"食神威"必称"金刚石"。何故？且听我慢慢道来。

食神威有三绝。其中一绝乃样貌：一张福气脸，满脸赘肉，胖胖圆圆，看着就有福气。他的肚皮啊，老大个了，一顶人家，准保把人弹回去。那支撑着身子的粗短腿，就是吃出来的。

一日，全班同学一块儿去食堂吃饭，不知啥情况，饭菜极其难吃，味道古怪。唯一清爽的汤就是开水拌黄瓜丝，加了点盐巴。大家吃了口白饭，便匆匆倒掉。唯有食神威眼都不带眨一下，菜和肉拌着饭，埋头就吃。像是享受人间美味，一会儿便吃完了。这还不算，一碗吃完，再来一碗。最后伴着几口汤下肚，这才意犹未尽地抹抹嘴，心满意足地晃悠着圆滚滚的身体离开食堂。

第二绝是他的吃饭规矩。一般人吃饭也没啥规矩，可他不一样。但凡经过他嘴的碗，必颗粒不剩。此外，他还什么时候都特能吃，吃嘛嘛香。早上吃了几个大包子，吃得肚儿滚圆，过了一两个小时，他又开始往嘴里塞东西。到了中午，还照样吃两碗饭。

第三绝是他的厨艺。同是十几岁的小伙，我只会炒个鸡蛋，他却能做华夫饼、虾仁炒蛋、小圆面包、红烧肉、爆炒茄子……统统色香味俱全，吃过的人都赞不绝口！

一个雨天，我和他在放学时一起走。刚到校门口，食神威就慢悠悠、神秘兮兮地从包里掏出一袋华夫饼。见者有份，一口吃下去，满嘴留香，我忙狼吞虎咽，一下子便吃了个精光。旁边几位同学立马冲过来，抢起华夫饼，并纷纷称赞实在美味。这时，食神威得意洋洋地说："这饼可是我自己做的……"

食神威不仅会下厨，还会收拾餐具。他不当"食神"，谁当？

陈政威 / 绘图

滑板尧

徐钰涵

D B H

吴乙禾画

要说我们班啊，奇人甚多。今儿个要说的奇人，是个滑滑板的。

有人就问了，黄毛小儿便能做这活，算嘛本事？对！就这本事，可别小瞧它。看起来那是真简单，做起来嘛，保准难上青天。

别看她人高马大的，重心可稳哩！左拐右拐，上坡下坡，都行！人送外号——滑板尧。嘿，这不，新收个徒弟闲人张，这闲人张嘛，就好管闲事儿，闯到这儿来了。闲人张自然早听说师傅滑板好，这一回非亲眼瞧瞧，顺便学点诀窍。

那天，闲人张头一次见师傅滑滑板。滑板尧不慌不忙，右脚稳踩在滑板前端，直起身子，左脚在地上快速蹬了几下，而后便自然地收在滑板后端，滑板稳稳当当地前进了。轻轻松松溜达了一圈，她又来了。这回可不同，只见滑板尧两脚轻轻地往右倾，这滑板乖乖地朝右边拐去，待她将身体往左，滑板又自觉地往左拐来，让人直叹这滑板好生乖巧。

这上面两样还不算最绝的。滑板尧拿着滑板往斜坡上走，走到坡顶停下来，双脚踩上滑板，嗖嗖地滑得飞快，赛那旋风马在奔驰。不好！闲人张只看师傅前方有颗小石子儿，而师傅却没看着似的，眼看要磕到石子儿，师傅不紧不慢地一跳，滑板竟也似粘在师傅脚下，跟着腾空了。那闲人张惊得张大了嘴，这不会要摔了吧，看来真的要"滑"板了。要不怎么说是滑板尧呢，技术高超得很，她和滑板稳稳地落下，那小石子儿还静静地躺在原地，真奇了！

滑板尧让闲人张将七八个纸杯一字排开，不等闲人张反应，师傅又玩出了高难度的花样，她踩着滑板在杯子之间来回穿梭，有时兴起，还来个"饿鹰扑食"，边滑边弯腰捡起地上的杯子，真绝！

哎，这下闲人张是不得不佩服滑板尧的技术了！

吴乙禾／绘图

速度金

田子谦

谈到跑步，特别是整千米上的，凡人必哭天抢地，皆因跑完后气喘吁吁，四肢、肺脏俱疼，更有甚者泪流满面。

我们班擅长跑者繁多，然速度金当为其中翘楚。速度金，姓金，名就甭提了。皮肤较黑，头发万年不变。膘肥体壮，大家皆笑称其赛憨憨猪。可就这体形，但凡长跑，不是第一，那必是第二，偶有第三，但绝无第四，您说是不是绝了呢？

想必听到这儿，您定是疑惑满满，身宽体胖者，多不擅运动，速度金究竟有什么能耐？且听我细细道来。

记得那日体育课，老师突然袭击，要测试千米长跑！想到接下来的五圈"苦行"，我顿觉双膝发软，身上发虚。而速度金那厢却悠然自得，好似平常。

　　只听得老师一声令下，大家似一窝蜂向前拥去，一时间分不清谁前谁后，速度金和前面几个同学，却分外突出，都有领跑之意。不消一会儿，长跑行进的队伍明朗了。速度金以惊人之势，与吾等拉开长距，与最末者竟差百米之遥。三圈过去了，队伍中的大半多硬挺着，大口往外喘着粗气，双腿赛灌铅般难抬起，两眼发花之际，就见一庞然大物在队伍前头飞速移动，再细看，原是速度金，他依旧如开始般畅快，迈开小腿，摆动双臂，呼吸均匀，全速前进，瞧那轻快劲儿，只叫人羡慕。

　　最后一圈，我大腿酸痛，紧握双拳，咬紧牙关，恨不得一头栽在地上，想加速，却未果。此时，队伍前头的庞然大物居然开始加速了！这速度，我根本不敢想象，一眨眼又甩掉我们大半圈，直达终点。

　　速度金轻轻扶了会儿膝盖，约摸十几秒，就跑去老师处登记时间了。转身继而开始打篮球，似乎体育课刚开始，没跑过一千米似的。等他已经投进几球，其他人才陆续抵达终点，没一个不是累得气喘吁吁，直不起身，只剩大口喘气的声音。

　　您说这速度金是不是天赋异禀的奇人呢？

章欣怡／绘图

快嘴薇

翁君懿

话说手头活计三百六十行，各有所长。在吾班这方天地里，虽说能工巧匠比比皆是，但在这江湖里，真正能成为传奇的，也就那么几位大侠，快嘴薇就是其中之一。

快嘴薇是吾班上的第一名嘴，因口才顶尖而得其名。这顶尖可不是无中生有，一说到她的口才，方圆百里之内，无人不竖大拇指。在吾校，吾区，乃至吾市，均有其主持或朗诵之身影，且处处留名，获得桂冠。先生对此徒亦是关爱有加，赞不绝口。

第一名嘴非浪得虚名，一篇生僻难懂的文章，顶多看两遍，便能出口成章。只见她那两片红唇一张一合，文字就连串儿连串儿从嘴里蹦出，一旦进入角色，四座必然掌声雷动。这些个都是板上钉钉的事儿，您甭说不信，我这便道给您听。

那日，尊师膳后一时兴起，抽背新课文！众人顿时面面相觑，如热锅上的蚂蚁，急得自己人撞自己人。这会儿，班里可有一人不着急，正是快嘴薇。只见她慢悠悠拿起书，从从容容地读了几句，云淡风轻。开局很快，一娃时运不济，被老师抽了个正准，只见其战战兢兢地站起来，如小鸡见了黄鼠狼，磕磕巴巴地背了几句，胖脸涨得通红，豆大汗珠从额际滚落，若不是还拖着几个长音字儿，都能让人看着心梗，大伙儿为他默哀，同时也为自己祈祷。这会儿，先生来到快嘴薇面前，就她了！只见快嘴薇以惊人的速度瞄了一眼书，然后由轻缓开始，重力加速度般逐渐加快，一段段文字从她嘴里奔腾而出，一字不差。更神的是，字正腔圆，音色优美，前鼻音、后鼻音一个音都不带错的。此时的快嘴薇赛过一台复读机，还自带情感。非要用什么字眼来个形容，那必然是"绝活"！

其实"快嘴"还有另一种说法，任何小道消息以及某些秘密到她这儿，只见她人影穿梭间全班就敞开话题了，不出一刻钟全年级皆知，半晌全校热搜榜第一！

大家伙儿说说，这快嘴薇算不算一代奇人呢？

翁君懿／绘图

慢跑杨

徐子轩

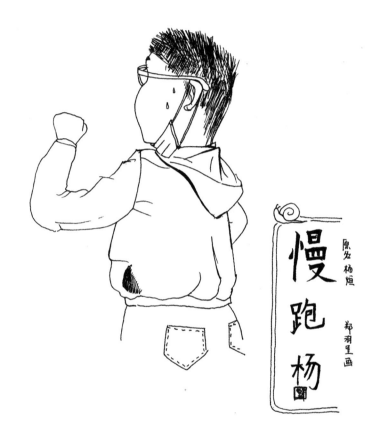

原作 杨烜

郑羽呈 画

慢跑杨

慢跑杨，顾名思义，跑步奇慢。嘛说呀？他那速度比蚯蚓还慢呢。此君脑袋滚圆，鼻子上架着一副厚厚的眼镜，挺着一个又圆又肥的大肚子，赛一个吹足气的气球，真不知他每天吃多少饭菜才能撑出这"啤酒肚"呀！

近些日子，校园晨跑开始了。出操铃一响，其他人一窝蜂似的冲出教室。只一人不动，总要等到门外传来立正的声音，此人才一手肘撑住桌面，长吁一口气，缓缓站起，不紧不慢地向门口走去。这人嘛，便是无人不知无人不晓的慢跑杨!

跑之前,慢跑杨总是要先嘶号一声,估摸着给自己壮壮胆,继而极不情愿地迈开腿,象征性地挪动着。他跑起步来,可有意思了,头会左一摇,右一摆,好似那小孩手中的拨浪鼓。说他是跑步,不如说走模特步来得更恰当,几步就要来个"展示",有时栽个跟头,有时跌跌撞撞溜一段。有一次,整个身子趴在跑道上,用手肘勉强撑起前身,脚使劲挪移着,试图站起来,可肚子跟不上,只能往前移,赛那几个月的婴儿在学习爬行。惹得我们哈哈大笑,看他的样子要多滑稽就有多滑稽。这一笑刺激了他,他便使出吃奶的力气爬了起来,见衣服皱了,就把衣服使劲往裤子里塞,不塞还好,这一塞更看出了他那皮球似的肚子。这又引来了一阵哄笑,你要是在现场看,保证你笑岔气!

此时的慢跑杨,满脸通红,赛一个红彤彤的大苹果,不好意思地把头埋了下去,比平时跑得更慢了。这时,有些调皮的同学就故意跟在他后面跑,因为这样最省力。慢慢地,跑在他前面的同学也纷纷向后跑,跟在慢跑杨后面。这时,慢跑杨竟成了领队,成了名副其实的"慢跑大队大队长"。

这时,老师看出了些苗头,扶正自己的眼镜,轻声道:"你们要是再用这样的速度跑步,就改练一百米蛙跳!"她这一声虽不响,却如雷贯耳,我们就像打了兴奋剂一般,个个飞奔起来。可慢跑杨似乎没听见,依然慢悠悠地晃头晃脑跑在最后,任凭老师怎么"威胁",他就像免疫了一般!

至此,慢跑杨的名号也传开了!

郑羽呈/绘图

陈大嗓门

陈欣悦

彩虹中队　陈欣悦　画

论咱彩虹中队，可是块宝地。嘛人不有？嘛事不出？什么奇人奇事不打咱这儿过？这不，班里又闹腾起来啦！

瞧瞧，今儿个早上，那还真是鄱阳湖里起春水——一浪更比一浪高。闷头狂战"作业侠"的有，打打闹闹"数龙戏珠"的有，抬抬嘴皮子聊大天的更有。就一字：吵！"你们不要再吵了！"哟，就这一声，盖过了十万嘈杂。嘿，咱班奇人陈大嗓门来镇场子了。

　　要说这说话声儿响亮的，校里校外一捡一筐。可陈大嗓门不一般，她那声儿一出，老天都得颤三颤。

　　先挑班里的事儿说。一次音乐课，老师还没来，同学们喧闹得那叫一个让人头痛欲裂。管事儿的"胡小女子"哪里制止得了，眼看这房顶都要被掀了。"安静！"一声低沉且带着怒气之音入耳。众人未觉察。"安静！"众人顿时成了哑巴。陈大嗓门那一句，高昂洪亮并不失气愤，甭管啥人听了，都得被唬到失声，直念叨："吓死了。""喇叭"们你看看我，我看看你，只能乖乖按下OFF键了！

　　老师来了。"哈，今儿太阳打西边出，可忒清静。"她哪知，这可得归功于陈大嗓门那两嗓子吼呢！

　　另段事发生在校门口，咱班值周站岗时。"同学们早上好——""同学们再见，老师再见——"这一声声，气势磅礴，那必须是陈大嗓门领着的。说是问好，却赛打雷，老天爷都得直骂扰民。一低年级小孩儿吓得连退数步。哎，你可别说，还真有"劲敌"。旁边一个班级的呐喊声快赶上我们了。咋整？比呗！陈大嗓门提高音量，我的天，惊天动地，气壮山河！那个班也来劲儿了，于是天天双方打擂样儿地一较高下。你猜怎么着，这样拼了好些天。谁赢？这不废话，有陈大嗓门在，咱能输才怪哩！

　　喂喂喂，这陈大嗓门到底是嘛奇人？她可是个神话，不知道她叫陈可萱的，才是个笑话！

陈欣悦／绘图

大胃张

金森阳

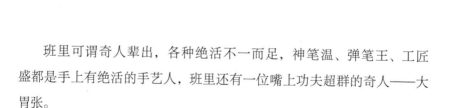

大胃张

金森阳 画

　　班里可谓奇人辈出，各种绝活不一而足，神笔温、弹笔王、工匠盛都是手上有绝活的手艺人，班里还有一位嘴上功夫超群的奇人——大胃张。

　　大胃张长相平平，只因饭量奇大而得名。蓬松的头发盖住一张滚圆的脸，短脖子短胳膊，走起路来活赛一头活泼可爱的小猪。

　　大胃张学习时，记忆力马马虎虎，办事儿总慢人一拍，经常背不下课文。可是中午一到饭点，餐单记得比谁都清楚细致。排队到食堂的路上，趁你不注意，他必定小心翼翼、神不知鬼不觉地溜到最前面去。体育课时都从未见过他如此机灵，到了餐厅更是赛一道黑影，从众人眼前闪过，一马当先冲到最前面，伸出自己肥胖的手臂，抓起餐盘，径直排到盛饭队伍的第一个。

大胃张把盛饭的勺子塞到饭桶的最底层，使出吃奶的劲儿挖出满勺的饭，大勺大勺地往盘里装。因为每人每样菜只准打两勺，大胃张掂量着自己的饭菜，向值日生苦苦哀求道："多给几勺吧！这都不够塞牙缝呢！""不行，等大家都盛完了你再来。""哎呀，行行好，还有这么多呢！"值日生也奈何不了他。盛好饭菜，他找到一个人少的地方坐下，拿着勺子大口大口往嘴里塞灌饭菜，使劲地吞咽，几乎没有经过细嚼就囫囵吞下，饥饿的样子赛饿狼遇着了猎物。一番狼吞虎咽，风卷残云后，食物颗粒不剩，饭盘锃亮发光，经他舔过，基本省下刷盘的工序。别人吃饭细嚼慢咽，如品茗一般，优哉游哉，可他像冲锋作战。

大胃张吃饭，主要讲究快、准、狠。有人不服，想找他比谁吃羊肉串快，他胸有成竹，自信满满地走到众人面前，目光炯炯，拍着胸膛道："今日我必让你输得心服口服！"至此，一场大赛正式拉开序幕，边上围满了吃瓜群众。只见他一手握住串头，一手握住串尾，瞪大双睛牢牢盯住眼前竹签上的嫩肉，像是和它较上了劲。只见他双目一瞪，眉头一皱，猛张大口使劲咬下去，又立刻顺着竹签一路咬一路溜，肉一忽儿全都下了肚，只剩一根裹着点肉星子的竹签在风中凉快。他狠狠抽出口中的竹签，一套动作行云流水，惊得众人拍手叫好，那同学也输得心服口服。

大胃张一餐饭乃是风卷残云，如赛道黑影，台上舞蹈，最终胃里逍遥啊！

金森阳／绘图

凌乱方

林诗源

凌乱方，何许人也？按学号排，不巧，不巧，班里第二；按成绩排，一般，一般，班上十三。但论这没心没肺，绝对数他第一。乍一看，小小个儿，椭圆脸儿，眼镜歪向一边，红领巾松松垮垮套在脖子上，一身的校服早就去周游世界了，但脸上的笑容却未落下过。

我曾和他做过同桌。他那抽屉好赛神话中的聚宝盆，无论上课与下课，里边总涌出课本、文具、废纸，如滔滔江水，连绵不断，不仅灌溉了他自己的位置，也滋润了前后左右的同学，故赢得了一个雅号——"凌乱方"。

随着年级增加，书本越来越多，他那丢三落四的功力呢也是与日俱增。一次正在上数学课，同学们都在安静地写着题目。本该鸦雀无声的教室，何来多了一分杂声？乍一看，哦，此兄又在翻箱倒柜了，一副恨不得整个人钻进抽屉的样儿，必是又落了什么。半节课过去了，他终于把头钻出抽屉："呀！我的笔在这儿呢！"他的脸上被灰尘墨汁之类的弄得黑一块白一块，赛熊猫，竟还不曾把笑容忘下。他伸手掏出一支笔，定神一看，那笔壳赛经历了一场世界大战，七零八落，看不出个形儿。那支笔芯在一堆破笔壳边，倒是格外显眼。我不禁轻声地问他："还能写吗？""有芯就成！"他一脸自信地回答，这话一字一句地落在我心间。

瞧，放学后，他又在一人收拾抽屉，正如他的笔那样，或许没头没尾，却不曾没心没肺。每日傍晚，他总会把一天的凌乱收拾干净，然后开心归去，这正如他的外号那般，凌乱方凌乱方，凌乱却有方。

此人是谁，相信大家早已猜到，方荣浩是也。

江欣阅 / 绘图

蜗牛章

柳希文

"蜗牛章" 柳希文·画

　　要说世间奇人，吾班蜗牛章必名列前茅。您指定要问，嘛人会与蜗牛一般慢？别急，且听我慢慢道来。

　　蜗牛章个子不矮，方脸，平头，微胖，看上去十分敦厚，人也懒洋洋的。

　　"同学们，都写好了吗？"老师撇下本子，朝大伙说道，"没写好的举下手。"嘿，这时，一只手缓缓举起，定睛一看，又是蜗牛章！他一只手举着，一只手压住本子继续慢悠悠地写着，可真是"打锣卖糖——各干一行"啊。"好了。"蜗牛章终于完成了作业，正准备起身，嘛呀，这都收完了。"你自己加紧交去吧。"蜗牛章听罢，只得拖着仿佛千斤重的双腿挪向办公室。你说巧不巧，这蜗牛章刚从办公室里挪出来，又上课了，他只得奋力"加快"步子，回到教室。

您可别不信，这事儿比金子还真，您若还不信，听我继续道来。

"快点，快点！"体育老师低声催促。嘿，转头一看，蜗牛章正踏着缓慢的四方步向老师那边移去，老师正准备按计时器，没料，蜗牛章一个急转弯，直接忽略他。"还有一圈哦。"严君平搔搔后脑勺，没好气地说。嘿，您别说，这百人跑道，瞬间变成了蜗牛章的个人独场秀，您瞧他，两步一吸，两步一呼，手一摇一摆，脸色通红，两条腿拖在身子后边，仿佛随时会掉下来一般，一点儿也不和谐。

这回您可信了吧，但别说，蜗牛章这"蜗牛"的性子也是分时候的，嘿，您肯定又要问了："什么，他难道还有嘛时候是飞快的豹子？"您还真说对了，且继续听来。

"做好了就拿给我改。"数学老师发下一沓卷子，同学们立刻埋头写题，连平常话最多的话痨崔都停住了嘴，这题可得用嘛办法解呢？我在最后一题卡住了。等我终于死磕出来后，发现已经有许多人在排队了，又瞧了一眼蜗牛章，还在位子上呢。我改完卷子后又向蜗牛章瞟了一眼，他依旧坐在位子上。"没完成的请站起来。"老师向同学们说道。没做好的同学们一一站了起来，咦，蜗牛章怎么没站起来？

"你写完了？"我小声问。"早写完了，我第一个改的。"什么，早就改了？这是哪门子蜗牛章，明明是豹子章嘛。你说这蜗牛章奇不奇？

柳希文 / 绘图

快手徐

胡轶然

快手徐 原名徐子轩

画若童一样

徐

论手速，班里谁能够赛得过快手徐。就算有，也只是不自量力的无名鼠辈罢了。您瞧！不出一会，都会在快手徐面前败下阵来。

快手徐，原名徐子轩，个子瘦瘦高高，长着一张瓜子脸，那是一身的机灵劲。在他身上，最引人注目的就是那细长的手指，赛打字机。一写起字来，就如同一阵风，一眨眼就是一行。

一天中午，金大仙布置完作业，转身便回办公室了。就在这时，忽听教室里一声喊："有人挑战快手徐了，大家快来看啊！"旁边的同学也纷纷吆喝起来。这一喊，同学们都放下笔，蜂拥上去，看看哪个不怕丢人的家伙敢来挑战大名鼎鼎的快手徐。一瞧，原来是班上写作业神速的作业饶！

只见两人对视了一眼，大战一触即发。

比赛开始，同学们都屏住了呼吸，教室里只剩下了写字的沙沙声。只见作业饶一副志在必得的样子，快速挥舞手中的笔，就像变魔术一样，瞬间写完了一大题。而快手徐也不甘示弱，奋笔疾书，字符就像小精灵一样忽闪而现，转眼间已在分析第二大题了。同学们纷纷议论着究竟谁会获胜时，作业饶已经超过快手徐两题了。快手徐眼看自己落后了，便快马加鞭，提速追赶。说时迟，那时快，正当还落后一题的快手徐奋力追赶时，作业饶已经大功告成了！同学们都不敢相信自己的眼睛，神话破灭了，快手徐竟然输了！

作业饶就如同凯旋的大将军，拿起作业本，大摇大摆，一脸得意地走上了讲台交作业。同学们都愣在了原地，回不过神来。就在这时，金大仙来了！他看了一眼作业饶的作业本，皱着眉头，即刻就扔了回去，让他重写。这算嘛事，怎么给退回来了？同学们赶紧拿起作业饶和快手徐的作业本一对比，简直是一个天上一个地下嘛。快手徐虽然慢了一点，但书写工工整整，作业饶的字却好赛画符，不忍直视。看来这场大战的胜利还得归快手徐啊！

从此，江湖上再也没人敢挑战快手徐，他成了真正的"独孤求败"！

童一梓／绘图

杨大爷

黄宇昕

杨大爷

原名杨烜唐馥榴画

杨大爷姓杨，但他可不是真正的大爷。

为什么人称杨大爷呢？因为啊，他有"大爷"的三个特点：慢、拖、聋。

咱先说"慢"。杨大爷的慢，慢在跑步上。体育课上跑一千米，体育老师就盯着他。为嘛呀？慢呗。人家跑五分钟，他跑七分钟，两分钟哪去了？都走路走没了。每次一开跑，别人都是拼了命地往前冲。可他呢，跟大爷散步似的，慢悠悠地跑在后头。人家催他："你快些！快些呀！"他却不在乎，一扭头一摆手："急什么。"体育老师可瞧不下去了，非得给他点"颜色"看看。操场上不仅我们一个班，到处都是人，下饺子似的。杨大爷脑子可灵光着呢！一转身混在人群里，就是拿个望远镜也瞅不着他。只要有空呀，就小步小步地走，五圈下来，一点汗也没出。跑步时他身体前倾，手前后摆动，悠闲自在得很呢！由于他胖，身上的肉都开始有节奏地抖动，引得同学们都哈哈大笑起来。

杨大爷还"拖"。就拿吃饭来说吧，人家吃一碗，他吃两碗，每回都是最后一个离开餐厅。吃的时候，他东瞅瞅西看看，悠闲地咂咂嘴巴，跷着个二郎腿，还跟旁边的人聊天呢。别人陆陆续续都走了，他才又去添了一碗。到最后，只剩几个爱添饭的家伙陪着他。若是旁人，早就急着回去做作业了，但杨大爷的称号可不是白来的，只见他不慌不忙，不紧不慢，泰然自若地走回去。一步一颠，身上发福的肉又开始颤了，杨大爷的眼睛斜斜地向下方看，好赛饱经风霜的老人家。

再来说说他的"聋"。人年纪大了就耳背，杨大爷就有这个毛病。杨大爷上课时被老师点名回答问题，但他正在津津有味地看着语文书，没有听到老师叫他。他没听见，同学们可都听见了，一个个捂着嘴偷笑。杨大爷被他们的笑声打扰到了，莫名其妙地抬起头，一脸茫然地看着周围的人。这下，同学们笑得更厉害了。老师也哭笑不得，问他："你怎么听不见啊，是不是年纪大了，耳朵不好使啊？"

您可瞧见了，这就是我们班的"杨大爷"，独具特色的一号人物。

詹馥榕 / 绘图

软指金

俞柯冰

软指金

俞柯冰画

要说咱班，真可谓藏龙卧虎，能人辈出。甭说计算大师、阅读天王、象棋冠军、钢琴王子，还有那篮球、古筝、无人机、工笔画等诸多高手，各有千秋，独领风骚。

俗话说"风水轮流转"，有时也会冷不丁冒出个出类拔萃的人来，技压群雄，荣登"绝技大师"的宝座。可最让人心服口服的，还得是软指金。

话说软指金，小个、文静、低调，虽没得过什么天王、学霸之类的头衔，也没上台受过什么大奖，但却有一个与生俱来的绝活——掰指。凭这绝活，硬是把他在班里的地位"扭转乾坤"了好长一段时间。

这不，又开始了他的掰指表演。只见软指金随意地伸出一只手，缓缓地将五根手指伸直，然后用另一只手将伸直的手指轻轻往后一掰，立马做到与手背齐平，看得我们目瞪口呆。更绝的是，他居然能将整个手掌往后翻到手臂上，最后，还能轻易地将食指向后弯成一个圆圈，指尖抵住手背。看得在场的人都惊叹不已，啧啧称奇！软指金由此得名。

重复的表演多了，大家的新奇劲儿开始慢慢地退去。没过几天，软指金再次邀约大家观看他的表演，出于好奇，同学们又簇拥在了他的身旁，脸上写满了期待。

只见他缓缓伸出双手往外一挥，示意腾出一个表演场地，而后蹲起马步，抖了抖肩，双手撑腰，挺胸昂首，摆出一副拿下几座城池大将军般的架势，好不气派！紧接着开始了他的掰指表演，除此之外，还增加了掰腕环节。他轻车熟路，一气呵成，这臂腕犹如面条，随他任意翻转掰弄，大家纷纷拍手叫绝。

于是，软指金的名气一下子又火了起来，重登班级奇人宝座。

俞柯冰／绘图

金嗓赵

胡楚越

金嗓赵

俗话说，手艺人靠手，嘴艺人靠嘴，这不咱班也有一位了不得的嘴艺人——金嗓赵。

金嗓赵人瘦有劲，唇红齿白，眸子赛灯，热情大方，素日装束打扮极尽素雅，却不失焕彩。

金嗓赵天生一副好嗓子，勤奋好学之余，整日黏在电视台名主播们后面练习口语，学校各种主持活动少不了她，朗诵比赛也常见她的身影，从她捧回的各种大奖来看，不愧为大神级别！

一日，金嗓赵见我嗓音沙哑，于是摆出一副金牌教练的姿态，对我说："越仔，若你发声时能'装腔作势'，做到科学发声，嗓子就不会哑了。"话音未毕，她便张口示范。只见她面带微笑，嘴角上扬约二十五度，每个字音都标准而快速流利地从她嘴里蹦了出来。其声音打胸腔出来，略带仙气，高高低低淅沥沥，志志忐忐志忐忐，犹如林中百灵，婉转嘹亮，甚觉爽耳。我遵从她的指导，气运丹田，发声着实好了许多，当然想要修炼到她那境界，可就难啰！

一次语文课上，老师点将让她上台朗读课文《金色的鱼钩》，一来想试试她的功夫，二来想让她带动一下课堂气氛。只见她双腿站立，左手托书，目视前方，张口即诵，一副胸有成竹的模样。其声音时而低沉，时而高亢，时而缓慢，时而急促。面容也随着书中情景而改变，时而微笑，时而阴沉，时而轻松，时而肃穆，活脱脱一枚电影里的老戏骨，紧紧揪着同学们的心。终了，金嗓赵声音一沉，孱弱至极，眼中噙泪，含而不坠，尽显悲伤之气。同学们听得入神，含泪于眶，更有甚者呜呜地小声啜泣。

金嗓赵的绝活三天三夜也说不完。于其而言，讲台即舞台，没有灯光，她自带光芒；没有道具，用声音弥补，声情动人，令人好生佩服！

胡楚越 / 绘图

乐高张

马乾航

张宬瑜 马乾航 画

此人姓张，嗜乐高如命，"江湖上"颇负盛名，人称乐高张。

乐高张，个子不高，却自带喜感。他长了一双眯缝如线的小小眼，笑起来，嘴角扬起两个小酒窝。

乐高张的绝活——拼乐高，只要他在班里说第二，就没人敢称第一。

今天终于让我见证了他的绝活。只见他蹲坐在一堆碎匝匝的零件中，埋头苦拼，样子十分投入。他左手抓住乐高半成品，右手拿着一颗指甲大小的零件，轻轻一按，"机甲"腿部就完美无缺了。一分钟，两分钟……地上的零件越来越少，手上的模型越来越完整。伴着五分钟最后时刻的咔嚓一声，一个完整的"机甲"跃然挺立于茶几之上。"机甲"十分威武，又开双腿，张开双臂，挺着身躯，目光炯炯，极目远眺。此时，乐高张起身，伸了伸腰，抬起头，嘴角露出一丝胜利的微笑。

我紧随其后，跟着他步入一片"乐高新天地"：排列在眼前的是或立或蹲、或坐或跃，赛一个个钢铁战士的乐高模型，堆满整个房间，真是琳琅满目，应有尽有！

更绝的是，有一次，我和他比拼鲁班锁，我自恃胜他一筹，便操刀即干，还不时关注他的动态。只见他盯着鲁班锁零件一动不动，若有所思，待我拼好第一个模块，露出一丝不易觉察的得意神情时，他以迅雷不及掩耳之势完成第一模块；再左手翻转，右手将第二模块插入；然后双手翻个花，变戏法似的卡入第三块；紧接着将第四块塞入一半，另一只手从一侧取出第五块，两块同时卡在一起；最后再把第六块插入空洞，往左一推，以泰山压顶之势把我秒杀。

我还能说什么呢？只能一个字——高！这不，刚下课，他又用笔在"拼"乐高了，一个个英勇强壮的乐高又在他笔下涅槃重生了……

张宬瑜　马乾航／绘图

长腿程

吕昊轩

俗话说：高手在民间。在我们班上啊，也是卧虎藏龙，同学们都各有各的绝活。今天我就给您介绍一下我们班的长跑健将——长腿程。

长腿程个子高高，人瘦，腿长，他的拿手好戏就在这双长腿上。那腿可不是一般的长，要比别人长出一大截，他跨一步赛过别人跨两步。他的耐力也出奇的好，跑上一千米大气都不喘一下。

一次校运会上，长腿程参加了一千五百米的长跑。比赛前，他一点也不紧张，面带微笑，不紧不慢地做着热身运动，一副胸有成竹的样子。随着发令员的一声枪响，比赛开始了，运动员们像离弦的箭一般冲了出去，可长腿程却并没有跑得特别快，第一圈的时候，他排在第五名，到第二圈的时候，他依然保持着原来的速度。

我不禁暗暗为他捏了把汗，心想：他为什么不加速呢？直到第三圈的时候，我才恍然大悟：原来他是在保存体力啊。我打心底佩服他：不仅跑得快，而且还有智谋，懂得韬光养晦，保存体力。果然，到了第四圈的时候，长腿程逐渐加速，两条高跷似的长腿就像翻滚的风火轮飞快地转动着，转眼间就将前面的几位运动员甩在了身后。到最后一圈的时候，他的两条长腿摆得更快了，像一匹脱缰的野马向终点奔去。随着一阵山呼海啸般的欢呼声，他冲过了终点线，夺得了桂冠。同学们都激动地围着他欢呼雀跃。而他却一脸淡定地一边做着深呼吸，一边悠闲地绕着操场边散步，好赛他刚才没有跑过。

为嘛长腿程能跑得这么快呢？原来，近几年，他每天早上坚持六点钟起床，进行一个小时的长跑锻炼，在体育馆训练时，一千米的长跑要持续跑个十来趟，却从不喊累，即使大汗淋漓，双腿打颤，他也还是继续坚持。长腿程能跑得这么快，也就不足为奇了。

卢禾 / 绘图

神笔翁

孙熙皓

《神笔翁》

孙熙皓画

神笔翁，一小女子也。此人相貌娴静，皓齿红唇，一双明眸赛水晶般明净。其画艺精湛，仅凭一张纸，一支笔，信手拈来，画出江河山川，人虫鸟兽，车马龙鱼，画尽，画绝，画得同学们拍手叫绝。

神笔翁画画从来都是挥笔如腾龙，下笔如行云。其笔下所画之物形象逼真，惟妙惟肖。画的瓜果，翠色欲滴，仿佛颊齿余香；画的狮虎，纤毫毕现，令人望而生畏；画的人物，憨态可掬，叫人忍俊不禁。这般技艺，你愣是不服都不行。

一日，画师出题：自选素材，完成画作。这可真难为了我们，我等俗世凡夫，忙着抓耳挠腮找素材，但瞧神笔翁，胸有成竹，略一思忖，便走笔如风。我恰好坐她身边，忍不住一探究竟。只见她唰唰几笔勾勒，白纸上立马呈现一个大大的"几"字。紧接着，又在"几"字里勾了几笔，一个"蒙娜丽莎"的轮廓竟然浮现在眼前。原来刚才的"几"字是蒙娜丽莎的一头披肩秀发。等她最后停笔，看那画作，可真叫绝！和原作对比，如出一辙，尤其那眼睛，深情地凝望着你，眼波流动，都分不清真假了。

自此，神笔翁名声大振，江湖上盛传这样一句话：古有神笔马良，今有小小神笔翁。

孙熙皓／绘图

摇头哥

周思含

摇头哥

愿每童一样

周思含画

也许是受哆啦 A 梦的影响，哆啦中队涌现出一批"奇人"，其间不乏幽默搞笑之辈，"摇头哥"就是其中一位。

摇头哥因跑步得名，每逢跑步，必有两个经典动作：一解红领巾，二摇头。不信？且容我说给你听。

又到体育课跑步练习，摇头哥好戏登场——开解红领巾。一般人嘛，左右开弓，两手配合取个麻溜儿。可他却不同，爱单手扯，只见他一手抓住死结往上扯，那和红领巾圈儿差不多大的脑袋就这么一摇一晃地配合着往下伸。另一只手则完全不搭理这事儿，只管摆臂，与脚下的步伐默契配合，那节奏，就像是上了发条的机器。看他满脸涨红地取出红领巾，我们悬着的心总算放下。

然而他还没完，那脑袋像中了魔咒似的，两步一摇，与手脚保持同频；那身子好似去了骨般的扭扭捏捏，如蛇直立行走，极尽妖娆。

有人模仿摇头哥的跑步动作以示挑战，无奈败之，求问缘由，摇头哥淡然说道："尔等身形差，摇头更差，没跑出速度，只因没学到精髓！"看来，这一绝活非常人可学啊。

若你在操场上，寻着一个摇头晃脑、随风摇摆的身影，指不定就是摇头哥。

周思含 / 绘图

口技王

盛奕然

口技王

原名王贺彬 盛奕然作

　　学校能人荟萃，一个赛一个活脱。口技王，原名王贺彬，脸大眼圆唇厚嘴奇特，奇在哪儿？张口就能出一台戏，这技艺数他最高，有第一，没第二，第三差着十万八千里。

　　舞台搭在哪儿？只要他想，哪儿都是他的舞台。观众还不少，吆喝的也能凑一拨，可从来没有一人敢上前PK的。且看，去音乐教室的路上，大家伙都保持着半臂距离，乐颠颠地朝哆唻咪教室游走。唯独他，嘴里"哐切哐切"个不停。只见他头缩在衣领里，弓着背，活脱脱一只虾米，两脚直立蹬地，两手前后摆动，嘴里还有节奏地配上"呜呜呜"的火车鸣笛声。

"火车"已驶离了车站，往哆唻咪教室开动，车速渐渐加快，两臂摆动的幅度越来越大，好赛划动皮划艇，一前一后，忽高忽低，嘴里还不停地变换着声音，一会儿"喊喊喊"，一会儿"嚓嚓嚓"，真个是"大弦嘈嘈如急雨，小弦切切如私语"，一时间还真分不清是快到站了还是半途加速。一旁的同伴早就晃了神，目光赛聚光灯般聚拢过来。这下，口技王更来劲了，一会儿模仿某女生，细赛发丝；一会儿模仿某男生，声如洪钟。声线来回切换自如，竟都像是原声，同行的人都哈哈捧腹，竞相模仿，却无一人相似。

"啾啾啾""吱吱吱"，这回又模仿啥？看那人头攒动，肯定又是好戏一场。

盛奕然 / 绘图

飞人王

王若曦

原名王宇宸
跑步快如疾风闪电
做作业俊干净麻利
飞人王

飞人王乃学校顶有名的运动健将，光听这名儿就知道他跑得有多快。

他长了张白净的脸，白到啥地步呢？好似上等的羊脂玉，也可以和刷子李粉刷的白墙相媲美。除此之外，他红唇皓齿，眸子赛灯，下巴圆而尖，张口说话，声音打胸腔出来，自带丹田气。

飞人王做作业的速度真可谓"干净麻利快"，一有作业，他保准是第一个上交，令人好生羡慕。如若以为他作业只求速度，不求质量，那就大错特错了。瞧他的字，一个个整齐地码在作业本上，赛一摞摞砖块方正，毫无涂改之迹。目光所及之处，都是老师红钩，寻不出一丁点儿错处。

他的脚下功夫那就更不用说了，快如疾风闪电，据说看他跑步，眨眼工夫，人影就没了。有一次，鸡爪包居然向他发起了挑战，我想：这鸡爪包要是没点儿真本事，准不敢跟飞人王比，这戏铁定好看。

哨声一响，鸡爪包毫不示弱，猛地往前冲。这飞人王可不是浪得虚名，只见他好似猎豹向前蹿了出去，双腿快速交替，手臂轮番摆动，鸡爪包被他一溜烟甩得老远，引得众人一阵欢呼。

飞人王跑步速度若称第二，年级里无人敢叫第一。

王若曦 / 绘图

书虫汪

沈瑞

书虫汪

咱学校有各色之人，各有各的独门绝技，其中，书虫汪令人称奇叫绝。

此人其貌不扬，身子不高，短发，瘦胳膊细腿，淡眉，眼若清泉。

早起，他便手捧书，翻看起来。到了学校，不管课上课下，排队吃饭，不论你说嘛，也不应和一声，任你喊到口干舌燥，头也不抬一丝一毫，让他瞧你一眼比登天还难。

有次聚会，别人寒暄一番，就席开饭，唯独书虫汪蹲坐于客厅书柜旁翻阅书籍，竟忘了吃饭这事儿。

更神奇的是，去年秋天，一行人驱车前往农耕文化园。在车上，大家说说笑笑，唱唱闹闹，唯有他，眼里只有书，把大伙儿给屏蔽了。到达景点后，我们跟随导游参观景点，忽有人大喊："书虫汪不见了！"大家惊慌失措，分头寻找，结果嘛都没找着，广播寻人也毫无回应，只能悻悻然上了大巴准备折返。忽听得一人大喊："书虫汪！"大家一拥而上，原来，书虫汪还窝在车后座看书呢！见大伙儿盯着他，弱弱地问了句："到了吗？"原来，他压根儿没下车！

自此，坊间传闻他上辈子是天上的一只书虫，以啃书为命。今世，他又来到凡间，立志博览天下群书。

好一个嗜书如命的书虫汪！

杨卓涵／绘图

歪头罗

骆心怡

歪头罗 骆心怡画

吾班有一女生，本名罗卿菲，人称歪头罗。

她眉清目秀，眸子如灯，头发微鬈，总扎一头高马尾，笑时露出两排整齐的牙齿，喜穿裙子，干净漂亮。可为嘛会有"歪头罗"这个称呼呢？相传，她有一绝技，那便是歪头写字，写出来竟和常人别无二致，叫人拍案叫绝，我就亲眼目睹过一回。

一日，于课堂中，老师让同学们写作业。歪头罗翻开作业本，从笔袋中抽出一支笔，迅速地写起来。刚开始她坐姿端正，脑袋也没有歪，压根就看不出有嘛异常。可是没过一分钟，她的绝技就亮出来了。只见歪头罗的笔在动，脑袋也跟着以一种极为缓慢的速度向一边倾斜。不仅在倾斜，还在下沉，都快贴到本子上了。随着时间的推移，她的头越来越歪，越来越斜，可那只在写字的手，没有受到丝毫影响，该咋样，就咋样，似乎在用眼睛的余光书写。

后来，同学提醒她别再歪着头了，她一边把头摆正，一边一脸无辜地说："我没歪啊，你看，这不是好好的吗？"那人听了，默默闭上了嘴。不到半分钟时间，罗卿菲的头又歪了，唉！看来这"歪头罗"的绰号可真没白叫。

这般姿势能写出像样的字来？我真替她捏了把汗。后来我去交作业的时候，无意间看到了她写的字，天哪！这字竟然方方正正，一排排码得整整齐齐，愣是挑不出一点儿毛病，这也忒"邪门"了吧！

这"歪头罗"的绰号，还真是名副其实！

骆心怡 / 绘图

书虫吴

胡雅溪

原名吴康柏
书虫吴

大千世界，奇才辈出。

书虫吴是一本行走的百科全书。他博古通今，才高八斗，上知天文，下知地理。鼻梁上架一副深蓝色的眼镜，显得学识渊博。课间，众人嬉戏打闹或玩耍追逐，唯有他一人独自看书！

晚托班开始了，书虫吴憋不住看书的欲望，当老师踏出教室那一刻，他欣喜若狂，手舞足蹈，差点儿没蹦起来，高声呼喊出来。他先是东瞧瞧，西看看，像是做了什么坏事，生怕别人知道，然后趁四周没人注意，快速地从抽屉里取出一本书津津有味地翻看起来，并将语文书立在前头，做掩耳盗铃之举，一时间，鸦雀无声的教室中多了一丝他的窃笑。

他细细地盯着书中内容，沉溺其中。时而开心地笑着，时而眉头紧蹙，时而深深叹息，令人捉摸不定。好像他与书中世界融为了一体，书中的每一件事、每一句话都牵动着他的喜怒哀乐。他贪婪地读着书，如同饥饿的小羊闯进芳草嫩绿的草地；他钻进浩如烟海的书籍里，如鱼儿游进大海，忘记了时间的流逝。

美好的时光总是那么短暂，书中的世界总是让人如此沉醉，不知不觉已然下课，书虫吴打了一个寒颤，颤巍巍地收拾好书本归去。

王一依／绘图

食神

马瑞辰

可说不够还要吃，凤卷残云五碗，人虽精瘦五官齐，人马才三四两。食神。

郑博文画

食神是咱班为数不多的帅哥，虽说身高一米四出头，但人精瘦精瘦，五官齐整，红光满面。这瘦不拉几的"豆芽菜"怎能当上我们班的食神呢？且听我慢慢道来。

话说上次小刘同学过生日，食神姗姗来迟。错过了开胃菜，刚好赶上做汉堡。只见他拿了材料，瞪大了黑不溜秋的眼睛仔细端详了一番，眉头微皱，似乎在思考着什么。转眼见他撸起袖子，众目睽睽下娴熟地拿起面包片儿，精准地盖上一片生菜和一片番茄，啪地一翻，甩一块鸡肉搭上。食材到位，盖上面包片，汉堡已成。

单看他做汉堡已然过瘾，再看他享用美食更是趣味横生。众目睽睽之下，食神淡然从容。那瘦小的身体紧绷发力，嘴巴张至最大，脸部的肌肉已拉伸至僵硬。用赛鳄鱼样闪着银光的牙齿奋力咬下一口，汉堡的三分之二便进了嘴。只因用力过猛，酱汁和食材一部分进了嘴里，有些则连同菜叶飞溅出来。简单咀嚼下咽，手中仅余不多的也三下五除二全入了嘴。众人正诧异，他拍了拍手上的面包渣，剔剔嘴角，微微一笑："就这些，还不够我塞牙缝呢！"

自从食神在生日宴上一战成名后，班级里过生日的同学总会叫上他。倒不只因为他人缘甚好，还有个特别原因，有他定能光盘。食神常念"一粥一饭当思来处不易，半丝半缕恒念物力维艰"，这位有品格的食神倒真令人佩服。

郑博文 / 绘图

学神周

邹恒轩

班级就好赛天津的码头，地面疙疙瘩瘩可不好站，站上去，还得立得住，靠嘛呢——能耐！一般能耐也立不住，看你有没有非常人拥有的绝活。比方瞧这学神周。

这学神周究竟是嘛人？学神周，姓周名久翔。

俗话说得好："头大不呆是个宝"。那家伙头大，还不呆，学习又好，精神得很，便是宝中宝也。要说那种"废寝忘食"的学霸，年级里一捡一筐，可这只是学霸而已。周久翔啊，是学神！学神学霸，一天一地。他神在哪儿呢？就是大伙做题做不出来，山穷水尽疑无路的时候，他却有法子，而且那法子不是原先就有的。只瞧他灵光一闪，便柳暗花明又一村。

像学神周这种故事多着呢，这儿不多说，只说两段。一段是数学的，另一段也是数学的。咱就先来说说前面一段。

一天，数学课上下发了一张试卷。前面的题目是愈做愈简单，不过最后一题可就难了！为了解题，大伙都在绞尽脑汁，思量半天，仍是水中捞月，有的同学干脆空着不做了。唯独学神周那是不动声色地写着，好赛这道题根本就没出现。不一会儿，他就把整张试卷写完了，早早地将试卷交了上去，用不着多少检查，还得了满分，谁也不知道他是怎么做的。

你说这，神不神？还有一段更神的呢！

那一天，班主任刚改完家校本，当着全班的面感慨万分地说："我们班的学神周啊，前两天的奥数赛中，又取得了骄人的成绩！"老师只这么一说，有好事者私下打听，原来学神周是和高一级学生竞赛取胜了，怪不得老师如此感慨。

学神周的奥数是跳着级在学习，比方说三年级学五年级的，五年级就学初一的了。其实，学神周不仅数学上有出彩的地儿，他的语文、科学、英语照样顶尖。

想常人想不到的，只有神，所以咱们班的都称他为"学神周"。

王玥婷 / 绘图

暖心傅

江儒鸿

　　他，体长六尺，脚长二八，头发偏棕，好似那三国里的张飞；他，力大无穷，体格强壮，重约百过五十。我们虽同龄，但往他旁边一站，立刻分出个"辈分"来。时常听见低年级的学弟学妹恭恭敬敬喊他一声"老师好"，他竟镇定自如照单全收。他是何许人？我班傅麒轩是也，人称"暖心傅"。

　　暖心傅身手敏捷，依仗身高优势，经常"罩顾"同学。每到下课，他找准时机，在同学们毫无防备之际，一甩那肥大的衣服，便把人硬生生给"罩"了去。偶有一次，我被猛然罩住，仿若进了小黑屋，瞬间眼前一片漆黑。他那翅膀般的大手，如屋顶般盖在你的头顶，有若老鹰护着雏儿。我敛声屏气固不作声，旁人寻我不着，大声呼喊。这时他大手一挥，像施了魔法，把我呈现给大家。他还故弄玄虚，高亢一声："哟，原来在这儿，是何方神圣把你变出来的？"他这一招，屡试不爽，着实给我们带来不少轻松与快乐。

不知暖心傅为人的，以为他好整人；知悉他的，都知道他是个有规矩的人，嘛规矩？那就是绝不在别人不喜欢或不同意的情况下做，极有分寸。

一次，我们正在操场上打篮球，一个同学不小心摔了一跤，把腿给磕破了，看着鲜血直流，哇哇大哭起来。我们都被突如其来的事件吓傻了，不知如何是好。此时，暖心傅一个箭步，一把抱起受伤的同学，奔向医务室。暖心傅的身影在我们心中更高大了。

暖心傅之所以玩法独特，实则因为刚转入班级不久，用这种特殊的方式交些朋友。更多的时候，他会在同学有困难的时候发挥身体优势，伸出援手，他就是我们心中善良的暖哥。

江欣阅 / 绘图

斗嘴楼

张赫

　　斗嘴楼长相秀气，唇红齿白，个儿虽高，但骨瘦如柴，脑袋瓜聪明绝顶还写得一手好字。平日沉默寡言，专攻作业。随时望去，都在奋笔疾书。虽然惜时，但此人最大的亮点还是那张了不起的嘴巴。和日常的寡言相比，甚是令人惊愕，真是一个矛盾共同体。

　　斗嘴楼要么不语，语必惊人，犹如长江之水，滔滔不绝。

　　两年一度的班级辩论赛，他总是自告奋勇，一马当先。尤记得上次的辩论题目是《读书能否一知半解》，他勇担反方四辩重任，以一人之力，力挽狂澜。辩论时，那气势，顶雄赳赳气昂昂，精神抖擞，器宇轩昂，一副唯我独尊之势，把对手驳得哑口无言，毫无还击之力，与平日简直判若两人。末了那句"阅读靠的是速度和效率"真可谓字字珠玑，铿锵有力，博得了满堂彩。

我在心底不得不承认他是个顶呱呱的辩论天才。可要是遇上和女生斗嘴，他便会自动调低音量，声若细蚊般嗡嗡地响个不停，也似唐三藏念起了孙悟空的紧箍咒，絮絮叨叨，没完没了。旁人也不知道都说了啥，非靠近嘴边不能听清。

只有在班级热烈讨论或举手发言时，斗嘴楼的那张嘴才会像机关枪似的突突个不停。实乃识时务之俊杰也！

郑硕／绘图

百拼汪

刘家豪

话说班里卧虎藏龙，能人如林，有擅射的枪王朱、擅跑的飞腿严、擅写的作家戴、话多的唐僧张、力大的赛男傅……而最令我佩服的就是百拼汪。

百拼汪其貌不扬，圆圆的脑袋，肉肉的小脸，胖胖的身子，浓密的眉毛叛逆地上扬，长而微卷的睫毛下一对大眼睛赛算盘珠儿，滴溜溜乱转。他擅长拼搭，屡次在电子百拼大赛中获奖。

一日，学校举行"电子拼车大赛"。那场面真叫壮观，各参赛者面前摆满了底板、导线、电池、轮胎、发动机等材料，围观的人纷纷为选手呐喊助威。"预备——三、二、一，开始！"比赛拉开了序幕。

选手们个个兴致高昂，表情严肃，有条不紊地从盒子中取出零件开始拼搭。再看百拼汪轻车熟路地从零件框里找出拼装所需的轮子、发动机、智能控制器等各种零件。拼装开始了，只见他十指翻飞在底板上快速拼接导线，灵巧无比，接着左手持底板，右手在底板四周装上轮子，插上螺丝钉，又用螺丝刀挨个拧紧，最后在车身上找到合适的位置把汽车发动机装好。整个过程，百拼汪似乎忘记了周围的一切，沉浸在自己的拼搭世界里。不足一刻，一辆智能小车在他手里诞生。待众人毕，他人之车或卡轮，或一摇三晃，或堕零件，独百拼汪之小车开得顶快顶稳，可见其功底之深厚。赛毕，不出所料，百拼汪独占鳌头。

百拼汪不但动手能力强，对科学知识的热爱也超乎我的想象。他平素最好读科学杂志，闲暇之时，总喜欢倒腾各种科学实验。他的书桌、抽屉收集了各式图纸、电阻、灯泡等材料，在他的心里这些小玩意儿皆是宝贝呢！听闻其卧室里摆满了各种"汪氏作品"：小型电灯、手握式风扇、摩托模型等，这些小制作都是用家里废物拆装完成的。百拼汪真是"变废为宝"达人也！

从百拼汪身上我悟到一个道理：找到自己所热爱之事，坚持不懈，做到极致，必有收获。

刘家豪／绘图

修理王

季奕成

修理王

辛丑年春季奕成作

　　此人姓王，膀大腰圆，大腹便便，浑身圆滚滚胖乎乎的，赛一头小胖猪。圆嘟嘟的脸蛋上，一双憨厚的眼睛，一笑起来，就差点儿被满脸的肉给淹没了。

　　修理王每次跑起步来，肚皮就赛脱了缰的野马，欢脱地跳起舞来。脚步停下了，肚皮仍意犹未尽地跳动着。每当我们说他："你怎么这么胖呢？"他总会郑重地反驳："这不是胖，这叫壮！"

　　话说回来，人不可貌相。他可是个修理高手，擅长维修各种物件。同学们的修正带坏了、手表停走了、钢笔不出水了……第一个想到的铁定是他。他呢，更是"来者不拒"，什么都修，有时候一个东西修上十天半个月才修好，他也不厌其烦，故而得名"修理王"。

令我惊讶的是，除了修杂七杂八的小物件，大物件竟然也难不倒他。有一次，我在家附近的公园学骑自行车。刚骑上一会儿，自行车链子突然间就掉了。苦于附近找不到什么人可以求助，我只好推着车打道回府。没想到半路上碰到了修理王，一向热心的他见状，二话不说要帮我修。我呢，当然是迅速闪到一边，安心地把车交给了他。

只见他不慌不忙地蹲下，用手把后面掉落的链条先与小齿轮啮合，再将前面的一部分链条与大齿轮的下半部分啮合，接着一手按住链条，一手顺时针转动踏板。只见随着踏板的转动，齿轮与链条不断啮合。眼看就要成功了，链条突然卡住了，我的心跟着提到了嗓子眼。一旁的修理王则是一脸淡定，只见他把踏板用力一转，链条一下子就打通了！整个过程用了不到一分钟，我惊得目瞪口呆，对修理王佩服得五体投地。

"你怎么这么厉害，自行车都会修？"敬佩之余我不禁好奇地问了一句。只见他谦虚地摇了摇头，笑道："这有啥，以前看我爸修过，看了两回就记下了，后来我家自行车坏了，经常是我修。"

原来修理王的这些修理能耐不仅来自书本，也来自丰富的生活经验，更源于他有一颗爱探索钻研的心！

季奕成 / 绘图